おしゃべりから始める

私たちのジェンダー入門

暮らしと
メディアの
モヤモヤ
「言語化」通信

清田隆之
（桃山商事）

朝日出版社

Contents

第2章　コロナと育児と生活の限界　73

第3章　#stayhomeと令和のエンタメ　119

＊登場人物の年齢や本文中の数字は、掲載当時のものを記しています。

はじめに——私たちにはおしゃべりが足りてない

私には、誰かとしゃべりたいことがたくさんあった。暮らしの中で感じた疑問、人間関係の困りごと、メディアで目にした話題に対するモヤモヤ。うれしかったこと、やるせなかったこと、恥ずかしかったこと。ふとした思いつき、おもしろい発見、ちょっとした秘密。積年の恨みとか、後ろめたい欲望とか、SNSでは言えない本音とかも、めっちゃある。そのつど誰かとおしゃべりしながら「わかるわかる！」ってできたら最高だったけど、あの2年間はなかなかそれができなかった。

本書は、2020年9月から2022年9月にかけ、「共同通信」から全国の新聞の電子版に隔週で配信されていた連載をまとめたエッセー集だ。連載時のタイトルは「清田隆之の恋バナ生活時評」というもので、恋バナ収集ユニット「桃山商事」の一員として、フリーランスの書き手として、コロナ禍を生きる40代の男性として、また幼い双子を育てる親として、日々の生活や時事ニュースなどを通じて考えた「恋愛とジェンダー」の問題を扱うポップでライトなエッセー連載にする……はずだった。しかし、結果から言うと全然そうはならなかった。なぜならこの2年間があまりにハードな毎日だったからだ。

連載が始まった2020年9月といえば、その前月に辞意を表明した安倍晋三元首相の後任として菅義偉《すがよしひで》内閣が発足した頃だ。新型コロナウイルスによるパンデミックは引き続き真っ直中で、感染者数が落ち着いたかと思えばまた増え……という上下動を繰り返していた。GoToトラベルが批判されたり、アメリカでバイデン大統領が誕生したり、ワクチン接種が徐々に始まったりして、2021年7月には「本当にやるの？」というムードのまま東京五輪が開幕した。

個人的な関心事であるジェンダー問題に目を向ければ、SNSで毎日のように様々な議論が繰り広げられており、社会構造に根深く蔓延《まんえん》する性差別に絶望的な気分になったり、我が身を振り返ってゾッとしたり、ひたすら無知や不勉強を痛感したりの日々だったが、とりわけ東京オリンピック・パラリンピック大会組織委員会の森喜朗会長（当時）

による「女性がたくさん入っている理事会の会議は時間がかかる」発言は社会的にも大きな問題となり、私もいくつかのメディアで意見を求められる機会があった。小田急線の車内で女子大学生を切りつけて殺害しようとした男が「幸せそうな女性を見ると殺してやりたいと思うようになった」と供述した事件は本当にショッキングだったし、著名な俳優や演出家による性加害が次々と告発されたこともまだまだ記憶に新しい。

そして、私自身の生活や仕事もまさに激動と呼べる2年間だった。双子の子育てが始まって間もなくコロナ禍へ突入し、それまでの暮らしがびっくりするほど一変した。ミルクとオムツ交換がエンドレスに続き、感染対策にも神経を尖らせ、夜泣き対応でまとまった睡眠が取れない状態で日々の生活を営んでいくのは想像以上にハードで、仕事もまったく思うように進まず、子どもたちを乗せたベビーバウンサーを両足で揺らしながら原稿を書いていた。

緊急事態宣言が明けてから少しずつ親のヘルプも復活し、2021年の4月からは双子を保育園に入れることもできたが、今度は頻繁に風邪をもらってくるようになり、そのつど仕事がストップするというサイクルが始まった。コロナが怖い、いつも眠い、本が読めない、観劇に行けない、友達にも会えない……。桃山商事の活動もままならず、ライフワークのように続けていた恋愛相談も数えるほどしかできなかった。妻や友人たち、双方の両親、仕事仲間や桃山メンバー、そしてAmazonで箱買いしている栄養ドリンクの力なども借りながらなんとか綱渡りの毎日を生き延び、この2年で桃山商事としての著書『どうして男は恋人より男友達を優先しがちなのか』（イースト・プレス）、単著『自慢話でも武勇伝でもない「一般男性」の話から見えた生きづらさと男らしさのこと』（扶桑社）、澁谷知美さんとの共編著『どうして男はそうなんだろうか会議——いろいろ語り合って見えてきた「これからの男」のこと』（筑摩書房）という3冊の本を出すこともできたが、安倍元首相が凶弾に倒れた2022年の夏、一家でコロナにかかってすべてが詰み、抱えているレギュラー仕事のほとんどから降りた（共同通信の連載もそのひとつだった）。

この本に収録されているエッセーには、私のそんな2年間が色濃く表れているように思う。テーマは毎回、連載時の担当編集である共同通信社の森原龍介さんとLINEでやりとりしながら決めていた。ジェンダーをめぐる時事問題や育児のこと、そのとき読んでいた本やマンガの話なんかが多めだが、セフレや非モテ、仮性包茎に『うっせぇわ』、『おかあさんといっしょ』や母親からの過干渉、ぼる塾、阿佐ヶ谷姉妹、ZARDに朝ドラ、性暴力、パワハラ、選挙、新興宗教……など、扱ったテーマを並べてみるとなかなかにばらばらだ。

原稿が掲載されるや否や次の回の執筆が始まるという切れ目のないサイクルの中で、つたないジャグリングのような、あるいは自転車操業のような心持ちでギリギリ連載を回していた感は正直否めない。「恋バナ生活時評」という看板は早々に形骸化してしまった気もするし、そのときそのときの興味関心や置かれた状況について書き連ねてきた感じで、全体を貫く何かがあったわけでもない。

でも、と思う。この激動の2年間は、私だけが味わったものではもちろんない。社会全体が新型コロナウイルスに翻弄され、誰もが生活の変化を経験したはずだ。そのせいか、ごくごく私的な話を書いてきたにもかかわらず、連載時から共感の声をいただくことも少なくなかった。私たちは一人ひとり異なる日常を生きているけど、同じ根っこでつながる土壌に立っていることもまた事実で、それは一体なんなのか……。そこにばらばらのエッセーを一冊にまとめるヒントがあるのではないかと、本書の担当編集である朝日出版社の平野麻美さん、仁科えいさんとともに模索する日々が続いた。そうした中で浮かび上がってきたのが『おしゃべりから始める私たちのジェンダー入門』というタイトルだった。

私たちにはおしゃべりが足りてない。誰かに話を聞いてもらったり、誰かの話に耳を傾けたりしながら、モヤモヤした思いを言葉にしていく時間が圧倒的に不足している。ここに収録されているのはエッセーで、言わば私の〝ひとり語り〟だ。だから厳密に言えばおしゃべりではない。ついでに言えばジェンダーを学ぶための入門書でもない。しかし、日々を暮らす中で感じたモヤモヤを、誰かと話しながら言語化していく営みこそ、ジェンダーという巨大にしてつかみどころがなく、それでいて根源的で影響力も計り知れない問題に向き合うためのきっかけになるのではないか。私というミクロの世界と、社会というマクロの世界は、どこかで確実につながっている。あのとき悩んだあのことは、全部ジェンダーの問題だったかもしれない。

さて、少々前置きの長い「はじめに」になってしまった。ここからはこの2年間に書いてきた44本のエッセーが続いていく。それぞれ独立したテーマの文章だが、内容に応じて4つのグループに分類した。2022年から2020年にさかのぼっていく章と、2020年から2022年に時系列で進んでいく章が交互に配置されているが、それはジェットコースターのように乱高下したり、行きつ戻りつの時間感覚で過ごしたりしていた私の2年間をイメージ的に表現したもので、基本的にはどこから読んでもらっても構わない。文章の中の時制は基本的に掲載時のままだが、書籍化に伴って大幅に加筆修正されていたり、それぞれ短い後日談が追加されていたりするので、連載時に読んでくれた方でも改めて楽しんでもらえるんじゃないかと思う。

まったく無関係のようでいて、意外にどこかでつながっている——。そんな話が縦横無尽に飛び交うのがおしゃべりの醍醐味だと思うが、誰かに語りかけるようにして書いた44本のエッセーが、読者のみなさんのおしゃべりを開くきっかけになったらうれしい。

第１章

〈男〉について考え続けた２年間のこと

2022 → 2020

2022年9月

恋バナは楽しい。でも、どんどんしづらいものになっていった

思えば高校生の頃から恋バナが好きだった。中学から男子校に通っていた私の生活に恋愛要素が入ってきたのは高校1年生のとき。合コンという文化が持ち込まれ、都心の男子高生だった我々はかなりの頻度で出会いの場に出かけていた。高1の夏にちょっとした三角関係みたいな問題で友だちと揉め、「もう恋なんてしない」状態になったりもしたが、2学期になったらケロッと忘れ、初めて本格的に好きな人ができた。連絡先を交換し、ポケベル（時代……）でメッセージをやりとりし、二人で公園を歩いたり、プリクラを撮ったりする。そうやって距離が縮まっていくプロセスが最高に楽しくて、多

幸感をもたらす脳内物質的なものが毎日じゃんじゃん出ていたが、冷静に振り返ると、そんな日々の中で最も盛り上がっていたのは学校で交わすOくんとの恋バナだった。

私は大学2年生のときに友人たちと桃山商事を立ち上げた。クラスメイトの女子から恋のお悩みを聞く機会が多く、役立つことを返せる自信がなかった私は旧友たちを学校に呼び寄せ、そこから複数の男子で女友達の恋バナに耳を傾ける活動が始まった。最初は遊び半分だったものが謎の評判を呼び、次々と依頼が来るようになってサークル化したのが桃山商事の原点だ。それが20年以上も続き、こうして恋愛やジェンダーをテーマにした本まで出させてもらえているのは、当時からすれば想像すらできなかったことだ。

恋バナは楽しい。高1のクラスメイトだったOくんとは休み時間のたびにおしゃべりし、授業中もまわし手紙で会話を続けていた。好きな人とこんなメッセージをやりとりした、昨日はこんなところに行った、彼女のどんなところが好きか、交際の可能性はどのくらいあるのか、Oくんは彼女とどうやって付き合ったのか、デートのときは何をしているのか……などなど、とにかく恋愛にまつわることであればなんでも話したくて、男子二人でキャッキャしていた。

そんな原体験があったからか、桃山商事の活動もひたすら楽しかった。お悩み相談が中心なので恋バナと言っても必ずしも明るい内容ばかりではないが、どのエピソードもリアルでドラマティックで、その人その人の個性や人間性が色濃く表れている。いつも聞きながら心を揺さぶられるし、また個人的にもジェンダーやコミュニケーションにまつわる様々な学びを得てきた。偶然の産物ではあったが、こんなにおもしろいライフワークに出会えてよかったと、心から思う。

本書の元になったこのエッセー連載が始まった当初は、そんな桃山商事の活動を通じて見聞きしてきた様々なエピソードを中心に、自分の生活の中で感じたことや、その時々のニュースやトピックなどにも触れながら、恋愛やジェンダーにまつわる〝現在地〟を感じられるようなエッセーを書いていきたいと思っていた。でも、2020年、2021年、2022年と時代が進むにつれて、どんどん恋バナがしづらくなってきたような感覚がある。それに伴って恋愛の話題が占める割合も減っていった。

理由はいくつかある。ひとつは、私がこれまで書いたりしゃべったりしてきた恋バナは異性愛を前提にしすぎていたという点だ。「恋愛＝男女でするもの」という認識は、この社会では多数派に属するものだと思うし、そういうケースは確かに多い。しかし、当たり前の話だがそうでないケースだって少なくない。それだけでなく、男性や女性といった枠組みがそこまで確定的なものではないケースだって多々あるし、「恋愛」という言葉で表している感情や関係性だって簡単に定義づけられるものでは決してない。ここ数年、性的指向やセクシュアリティ、個人が何を求め、他者とどういう関係を築くかなど、その多様なあり方が言語化され、社会的にも広く共有されていっている。そういう中で、認識や知識、語り方や言葉選びなどについて見つめ直す必要を強く感じるようになった。

もうひとつは、私たちの日常からどんどん余裕が失われていき、恋愛がある種の〝贅沢品〟のようになっているという点だ。誰もが自分の仕事や生活で精一杯で、感情をかき乱され、ときに時間や体力を激しく消耗することになる恋愛を忌避する傾向が強まっているように見えるし、実際そういった声も多く聞こえてくる。そんな中で「恋バナが呑気で軽薄なものに感じられやしないだろうか……」という不安がよぎるようになってしまった。

私としては、恋バナには人間関係のイロハが詰まっており、決して浮ついたものなどではないと考えている。しかし、メディアからは日々しんどいニュースばかり流れてくるし、実際の悩み相談においても、確かに表面的な主題は恋人やパートナーとの関係のあり方や、婚活や職場恋愛をめぐる問題だったりするものの、それらの話によくよく耳を傾けていくと、背後には経済的な困窮や不安定な労働環境、セクハラなどジェンダー絡みのトラブルや性暴力、あるいは成果や生産性を求める新自由主義の圧力など、様々な社会問題が関与していることが見えてきたりする。

例えば以前、エリート大学の男子学生と交際し、最初は楽しいお付き合いが続いていたものの、次第に学力をバカにした発言をされるようになり、最終的に冷淡な振られ方をして苦しんでいた女子学生の相談を聞いたことがあった。この一件だけを見れば、ひどい彼氏だな、今はつらいかもしれないけど、自尊心を傷つけてくるような男なんてこっちからごめんだよね……という話なのかもしれない。しかし、2016年に東京大学の学生ら5人が他大学の女子学生に大量の酒を飲ませて性暴力を働き、裁判でそのうちの一人が「大学に入学してサークルなどで他大学の子と接して、彼女らはアタマが悪いからとか、バカにして、いやらしい目でばっか見るようになり……」という証言をした事件が話題になったが、その元カレの態度と、東大生たちの性暴力は、根っこの部分でつながっていると感じられてならない。さらにそれはエリート学生だけの話ではなく、男性優位な社会構造の中で生きる男性全体、もっと言えば他ならぬ私自身にも地続きのものではないか——。そういった思いが募る中で、恋バナをただ楽しいものとして語ることがどんどん難しくなっていった。

それでも……と思う。恋バナはやっぱり刺激的だしエモーショナルだし、本書の主題に寄せて言うなら「おしゃべり」の王道だ。〝恋バナ収集ユニット〟を名乗る桃山商事の活動では老若男女から多種多様なエピソードを聞いてきたが、どれも切実で個性豊かな人生の断片だなって感じる。それらと向き合いながら、我々が〝NEO恋バナ〟と標《ひょう》榜《ぼう》している、恋愛エピソードから人間の本質を考察していく語りのスタイルを引き続き磨いていきたいと思う。

多種多様な恋愛エピソードをメンバーのおしゃべり形式で紹介していく桃山商事の著書『モテとか愛され以外の恋愛のすべて』『どうして男は恋人より男友達を優先しがちなのか』には下ネタやバカバカしい話も多く、「単著でのキャラと違いすぎる」「真面目な人だと思ってたのに」などとよく言われます……。

2022年7月

痴漢被害に憤る女、痴漢冤罪に怯える男

ある日曜日の仕事帰り、家に向かう電車で20代とおぼしき男女が隣に立っていて、その会話がふと耳に入ってきた。どうやら女性のほうが先輩で、ずっと「痴漢被害」に関する話をしている。その一連のやりとりに引っかかるものを感じ、それをツイッターに投稿したところ、びっくりするほど拡散された。そのツイートは次のようなものだ。

電車にて。痴漢ムカつくって話してる女の人に対して冤罪も怖いっすと返す若い男子が隣にいる。女の人が途中から「男の人も大変だよね」と諦めムードで対応し始め、「そ

うなんすよ」と男子が生き生きし始める展開…明らかに「こいつ話通じねえな」って態度になったのにそれがまったく伝わってないホラー

日曜日の夕方で車内は少し混んでいて、それがきっかけだったのか、女性のほうは痴漢被害の経験とそれに関する腹立たしさを語っている。それに対し、後輩と思われる男性が口にしていたのが冤罪の恐怖だった。

思わず「えっ?」となった。「男性に痴漢の話をすると高確率で冤罪の話題が返ってくる」というのは、フェミニズムをテーマにした本（例えば田房永子さんのマンガやアルテイシアさんのエッセーなど）では頻出の話題だ。女性たちから実体験を聞く機会も多いし、私もSNSで度々見かけたことがあった。それを初めて現実の場面として目の当たりにし、「こ、これが例のあれか……」という気持ちになっての投稿だった。

最初はポツポツいいねがつく程度だったが、家に着く頃には通知が止まらなくなり、以後3日間くらいそんな感じが続いた。そして最終的にいいねは約8・3万件、リツイートは約1万件、引用リツイートは千件以上となっている。ツイッターを始めて10年以上経つが、こんなにも拡散されたのは初めての経験だ。

これはいわゆる「バズった」というものとは違うし、「炎上」した感じでもない。おそらく、潜在的に人々の関心が高かった話題に着火剤となるようなネタを投下したことで広く拡散された……というのが実態ではないかと思う。ツイートに対する返信や反応を見ると、投稿主である私に対するメッセージというより、様々な意見が書き込まれ、ある種の「コメント欄」のような様相を呈している（これはバズった投稿によく見られる現象だ）。それらをざっくり分類すると、左の5パターンに分かれていた。

（1）女性と思われるアカウントからの共感の声
（2）男性と思われるアカウントからの反発の声
（3）「お互い話がすれ違ってる」という〝どっちもどっち論〟
（4）「何が問題なのかよくわからない」という声
（5）「他人の会話を盗み聞きしている投稿主がおかしい」という声

最後の声に関しては、確かに品のいい行為ではなかったと反省するしかないが、（2）も（3）も（4）も、女性の口をふさぎ、被害を矮小化《わいしょうか》する方向に作用するもので、いわゆる二次加害的なものだと感じざるを得ない。この一件の場合、話されている内容通りに受け取るならば女性のほうは実際に痴漢被害に遭っているのに対し、男性のほうは未知なる冤罪の〝可能性〟に対する恐怖を述べており、同列の問題として持ち出すのは筋違いのはずだ。また、痴漢被害も冤罪被害も元はと言えば痴漢加害をする人間（その多くは男性だ）に原因があるわけで、その部分でもって連帯を示すならまだしも、恐怖の度合いを比較しようとするのもおかしな話だろう。ところが、あからさまに「冤罪のほうが怖い」と主張する声も目立ち、暗たんたる気持ちになった。

でも、私にとってそれは、単に「やれやれ」と嘆いていられる問題ではない。なぜなら自分自身も同じような気持ちで生きていたことがあるからだ。２００７年、痴漢冤罪をテーマにした『それでもボクはやってない』という映画が話題になった。この作品にいたく触発された男友達から冤罪の恐怖やリスクを熱弁され、映画も観ないまま「そうなんだ……」と感化されてしまった。疑われたら一巻の終わり、仕事も家族も未来もすべて一瞬で失う、駅員室に行くのは痴漢だと認めるのと同義だから絶対に逃げろ、中には金銭目当てで痴漢被害をでっち上げる女たちもいるから気をつけろ——など、その真偽を調べることもないまま俗説の数々を鵜呑みにしてしまったのだ。

ツイートに対する書き込みの中には「身体を触られる恐怖より社会的に抹殺されるリスクのほうが恐ろしいに決まってる」という声も多々あった。しかし、痴漢は性暴力であり、相手の心や身体に深い傷を負わせる加害行為だということ。もちろん冤罪はあってはならないことだが、痴漢問題だけ突出して冤罪リスクが高いわけではないこと。今は捜査方針も変わり、決して「疑われたら即逮捕」というわけではないこと……などを理解すれば、それがいかに非論理的な訴えであるかがわかるはずだ。

男性たちの多くが抱いている痴漢冤罪に対する恐怖は切実なものだと思うし、その感情はむやみに否定していいものではないとも思う。しかし、その不安を女性にぶつけるのはおかしな話だし、ましてや痴漢の被害者に対する二次加害など絶対にあってはならないことだ。国には性教育などを通じて「痴漢＝人権侵害」であることをもっと伝えて欲しいし、冤罪への恐怖心をむやみに煽《あお》るメディアの責任も大きいはずで、それはそれとして是正の声を上げつつ……我々男性に今できることは、痴漢被害の実態を知り、捜査や司法判断がどのようになされているかを事実に即して把握していくことではないだろうか。

例えば牧野雅子さんの『痴漢とはなにか　被害と冤罪をめぐる社会学』（エトセトラブッ

クス)や、小川たまかさんの『「ほとんどない」ことにされている側から見た社会の話を。』(タバブックス)などには、膨大な資料や様々な証言を通じてその生々しい実情が描かれている。どちらも痴漢被害に遭った当事者としての経験が出発点になっていて、電車や駅のホームといった場所で命の危険すら抱かざるを得ない状況があるなど、女性と男性では見えている世界が違いすぎることを痛感する。

「こうすれば解決」というものはおそらく存在しないが、疑われないため、恐怖を与えないための振る舞い方、そして傍観者として加害に加担しないための具体的な方法を模索するためにも、まずは痴漢被害者の声に耳を傾け、想像力を駆使しながらその恐怖や理不尽さを体感していくことが大事ではないだろうか。

駅のポスターなどでも、かつては女性に自衛を呼びかけるメッセージが多かったように思いますが、最近は加害者へ直接「痴漢やめろ」と訴えるものが目立ち、少しずつ変化していることを感じます。

2021年12月

男が知らない女性たちの〝セフレ観〟

セックスフレンド（セフレ）というのはとかくモヤモヤしがちな問題で、桃山商事の恋愛相談でもセフレとの関係に悩んでいる人の話をたくさん聞いてきた。その多くは「一方は恋愛感情を抱いており、恋人関係になりたいと思っているが、相手の意思が読めず、何かをはっきりさせようとすると関係が終わってしまう可能性もあり、それが怖いのでモヤモヤしつつセフレ関係を続けている」という構図で、中にはメンタルを病みかけている相談者さんもいる。

だから個人的にはネガティブな印象を持ってしまうテーマなのだが、一方でセフレ絡みのエピソードにはエモーショナルなものも一定数あって、関係の曖昧さやつながりの弱さがかえってドラマティックな感情の発生にひと役買っているというケースも少なくない。仮に「良いセフレ」と「悪いセフレ」がいるとしたら、そこにはどんな違いがあるのだろうか——。そんな思いから、桃山商事のPodcast番組で「セフレ特集」を企画し、知り合いや視聴者のみなさんから様々なエピソードを募った。そんな中で印象的だったのが、とある知人女性が聞かせてくれた「安心安全なセフレが欲しい」という話だ。

彼女はアラフォー世代の独身女性で、仕事にエネルギーを注いでいるため恋愛をする余裕も気力もないという。しかし恋愛的なコミュニケーションに飢えている部分もあって、それにはセフレ関係がフィットしているかもしれないと考えている。だから都合がつくときに会えて、互いの意思を尊重でき、金銭的にも対等で、暴力的なところも依存的なところもない相手が欲しいと語っていた。

これはある意味、とても現代的な問題ではないだろうか。はらだ有彩さんのエッセー集『ダメじゃないんじゃないんじゃない』（KADOKAWA）には女性の性欲をテーマにした文章が収録されており、そこではらださんのセフレ観がまとめられている。〈突然だがセフレを探している〉という衝撃的な書き出しのあとにはこのような文章が続く。

パートナーがおらず、突然怒鳴ったりせず、割り勘ができる程度には経済的に自立していて、諸々のリスクヘッジに積極的で、お互いの生活に干渉しない、良好かつ穏便な関係を築ける人がいい。

（「女に性欲があるのはダメじゃないんじゃない」より）

女性の性欲が〈なんかダメっぽいことになっている〉風潮に異を唱え、マスターベーションや性をめぐる規範意識、快楽や性的搾取の問題にまで広がっていくはらださんの考察はユニークかつ本質的なのでぜひ著書で確かめて欲しいが、引用部分に表れているような感覚は、もしかしたら一定数の人が共有しているものかもしれない。というのも、例えばこれは瀧波ユカリさんのマンガ『わたしたちは無痛恋愛がしたい～鍵垢女子と星屑男子とフェミおじさん～』（講談社）で主題になっている「無痛恋愛」という概念とも通じる部分があるように思うからだ。

主人公の星置みなみはセフレとの関係に翻弄され、満たされなさやしんどさを感じている。そして女友達から「無痛恋愛」という言葉を教わり、〈友達みたいな…穏やかで／私が私でいられる／でもセックスもちゃんとする〉のが自分にとっての無痛恋愛だと述べる。

瀧波さんのマンガが描く「無痛恋愛」も、はらださんの言う「良好かつ穏便な関係」も、知人のアラフォー女性が求める「安心安全なセフレ」も、かなりの部分で重なっているように思う。性的なコミュニケーションが互いの境界線を溶解させ、個と個を混ぜ合わせる性格を持つ行為である以上、そこには暴力や侵食のリスクが常につきまとう。支配や搾取といった問題と接近してしまうのもそのためだろう。リスクが被害につながりやすい女性にとっては切実な問題にもなるはずで、そこをクリアし、ちゃんと性的同意を得た上で関係を築ける相手を欲するのは、ある意味で自然なことかもしれない。

かつて私にも、セフレと呼べる相手がいたことが2度ほどある。「うちらセフレだよね」と確認したわけではないので向こうはどう思っていたかわからないが、会えば大抵セックスする関係だった。どちらとも飲みに行ったり、本の貸し借りをしたり、仕事や恋愛の悩みを語り合ったりもしていたので、フレンドの要素もあったと思う。

ひとりは気持ちいいことが大好きだと公言している人で、他にも数名のセフレがいた。私は優先順位が低いセフレだったようで、自転車で行ける距離に住んでいたこともあり、「今から来れる？」といきなり呼び出されることが多かった。さみしい独身男性であった私は夜中でもフットワーク軽く出かけ、ナチュラルローソンで良いビールとつまみを差し入れ、飲んでセックスして帰宅するという関係がしばらく続いた。「今日はこれ使って」と愛用のプレジャーグッズを渡され、指示されるがまま動いていたので、ある意味で便利な相手として認識されていたような気がしなくもないが、全身で快楽を楽しんでいる彼女はとてもカッコよくて、確かに恋愛関係ではなかったがとても魅力的な人だった。

もうひとりとは、やや湿り気を帯びた間柄だった。彼女には長いこと一緒に暮らしている相手がいたのだが、知人が開いてくれた飲み会で知り合い、互いに読書が好きという部分で意気投合し、自分の人生ではあり得ないレベルのスピード感で肉体関係に至った。ときどきは一緒に出かけもしたが、大体は家で会ってセックスするというパターンで、関係は段々と煮詰まっていった。私は呑気に後先のない関係を楽しんでいたが、向こうは少し違ったようで、あるときセックスが始まろうというタイミングで「私のことをどう思ってる?」と訊かれた。そして「なんだか悲しくなってしまった」とも言われ、そのまま話し合いに突入し、「これからは普通の友達になりましょう」ということになった。これを機にそういうことをする関係は終わったが、そのあと会ったのは2回きりで、結局のところフレンド要素は薄かったのかもしれない。似たようなモヤモヤを抱える女性たちの話をさんざん聞いたことがあったのに、私は彼女に恋人がいることを盾に、変化する気持ちと向き合うことから逃げていた。正直ズルかったたし、ひどかった。油断するとエモくて切ないエピソードとして都合よく思い出補正をしてしまいそうになるが、安っぽい感傷で包んではならない経験だと、改めて思う。

セフレは微妙なバランスの上に成り立っている関係だと思うし、もちろん気持ちが変化することも十分に考えられるので、断続的なコミュニケーションが不可欠だ。番組に集まったエピソードの中には「拘束力がないのがセフレのいいところ」という声もあったし、「ファストフードのようにたまに食べたくなるけど背徳感もあるのがセフレ」という声もあった。一方で「セックスしたことによって元の関係性が壊れてしまった」という声も寄せられ……、だから難しくもあり、魅力的なものでもあるのだなと痛感する。

男性にとっては、女性のセフレ話を聞く機会は少ないかもしれない。それは単に下世話な興味をかき立てるものではなく、仕事のこと、お金のこと、コミュニケーションのこと、ジェンダーのことなど、広く生き方の問題に関わってくるテーマではないかと感じる。自己理解や他者理解を深めるためにも、もっと性や欲望にまつわる話をフラットにできる社会になったらいいなって思う。

このエッセーではあまり触れられなかったのですが、セフレのおかげで大失恋を乗り越えたとか、孤独な浪人時代の癒やしになったとか、そういう「人生のある時期を支えてくれたセフレ」に関する印象的なエピソードも多く、既存の枠組みに収まりきらないような関係性の持つ力について、またPodcastでも取り上げてみたいと思います。

2021年10月

男性にとって楽で有利な現状を維持しようとする力

学生時代からの付き合いである男友達と3人でルームシェアをしていた10年ほど前、その家で「おしっこを立ってするか座ってするか問題」が持ち上がった。きっかけはルームメイトのひとりが「トイレが汚れるから座ってして欲しい」と提案したことだった。私はそれまでおしっこを座ってする習慣がなく、それどころかその発想すら持ち合わせていなかった。だから提案を受けたときは「面倒くさいな」と思った。「便座にかからないよう気をつけてる」「もしかかっちゃった場合もちゃんと拭いてる」と抵抗を試みもしたが、話し合ってみると反論の余地はひとつもなかった。今でも面倒だなと感じる瞬間は正直あるが、どう考えても「座ってすべし」という意見が正しいと思う。

武田砂鉄さんの著書『マチズモを削り取れ』（集英社）は、男性優位社会に染みつく性差別的な文化や風習を一つひとつ丹念に検証し、タイトルの通りそれらを手作業で地道に削り取っていくかのような一冊だ。駅で女性ばかりにぶつかってくる男性、密室空間で女性たちが抱く恐怖心、結婚式というフォーマットに埋め込まれた性差別、日常会話に潜むマンスプレイニング（男性が女性に一方的に講釈する現象）、スポーツの世界に蔓延する女性蔑視、同性同士の絆が重視されるホモソーシャルな文化や組織など、「マチズモ（男性優位主義）」が息づく様々な現象が考察の対象となっていく。

生活のあちこちに転がる、ミニマムに感じられるかもしれないマチズモを放置していてはいけない。「男性らしさ」などと、抽象的な説明で語られることの多い「マチズモ」だが、本書では、この社会で男性が優位でいられる構図や、それを守り、強制するための言動の総称として話を進めていく。この言葉が捉える部分は、論を重ねる中で膨らむことはあっても、萎《しぼ》むことはないだろう。

（一章「自由に歩かせない男」より）

ジェンダー研究の世界で様々な角度から批判されてきたマチズモを、日常的なシーンを例に考察していくのがこの本の特徴で、その4章では「それでも立って尿をするのか」というタイトルで「おしっこを立ってするか座ってするか問題」が取り上げられている。トイレの専門家や公共交通機関に取材し、文献や法律などもひもときながら考察を重ねる中で、この問題もまたマチズモと根深く関与していることが見えてくる。

立ってする派が主張しているのは、「そのほうが楽だし、これまでもそうしてきたし、座って小便をするなんて男らしくない」というロジックだ。なんだか勇ましさだけはあるが、そこに論理的な根拠はひとつもない。だから無視してもよさげだが、これは決して些細な問題ではない。というのも、このような「男性にとって楽で有利な現状を維持しようとする力」こそマチズモの本質だからだ。

私はこの本を読みながら、今でもときどき面倒くさがって立ったまま小便をしてしまう自分にゾッとした。世の中から性差別やジェンダー格差がなくなって欲しいと切に願っているし、自分自身もそれを志向したいと思って暮らしているが、それでもなお、気づくとマチズモにからめ捕られてしまいそうになる。自分が楽をできる環境、自分を甘やかしてくれる状況そのものにマチズモが埋め込まれているとしたら、そこからどう距離を取ればいいのか。

しかし、武田さんはこの本の最後で〈そういう一面を確かに感じながら、自分なりに受け止めながら、その上で疑問や苦言を投げることは許されないのだろうか〉と書いている。そのあとにはこんな文章が続く。

男性個人として考える。男性個人の経験を振り返る。社会の問題としてジェンダーを捉える。この社会の将来のためにジェンダー平等を問いかける。個人で考えて、考えを重ね合わせていく。

（「おわりに」より）

これは個人的にとても励まされる言葉だった。ジェンダーの問題を考えると、必ずと言っていいほどどこかで自己矛盾の壁にぶち当たる。例えば女性の描き方が性差別的だと批判を受けてＣＭや広告が炎上する事件が度々起こるが、それを問題だと感じる一方、自分自身にも女性を性的に消費してしまった経験があったり、家事や育児の負担が女性に偏っている現実に疑問を感じつつも、自分もちゃっかり「男だから仕方ない」という風潮に乗っかって楽をしたことがあったり……常にブーメランが刺さってくる感覚がある。それによって落ち込み、自罰的な気持ちになり、自分にジェンダーを語る資格はないと口をつぐんでしまいそうになる瞬間も多々ある。

でも、個人の問題は個人の問題、社会の問題は社会の問題と、それぞれ個別に考えた上で重ね合わせていくしかないのだと、背中を押してもらったような心地になった。

おそらくこれは多くの男性にも当てはまる話ではないだろうか。男性社会や男らしさといったものに問い直しが突きつけられている今、我々は自己矛盾や居心地の悪さを抱えながらジェンダーの問題に向き合っていかなければならない。岩盤のように分厚くて強固なマチズモの構造だけど、それぞれの場所に立ちながら、みんなで一緒にそれらをガリガリ削っていけたらうれしい。

習慣とは根深いもので、これだけさんざん考えてきたにもかかわらず、いまだに座っておしっこをすることにちょっとした面倒くささを感じてしまう自分がいます。トイレのたびに葛藤を乗り越える必要があり、日々修行だなと……。

2021年8月

モテない苦しみを因数分解してみると

男性にとって「非モテ」とはなんなのか、なぜモテたいと思うのか、モテないことがなぜ苦しみになってしまうのか——。そういった問題について、当事者の声から社会構造まで幅広くカバーしながら掘り下げているのが、西井開さんの著書『「非モテ」からはじめる男性学』（集英社新書）だ。

著者の西井さんは男性研究を専門にしており、モテないことに悩む男性たちの語り合いグループ「ぼくらの非モテ研究会（非モテ研）」の発起人でもある。私も恋バナを通じて男性性の問題について考える機会がここ数年とても増え、そうした中で西井さんと知り合い、一緒に男性問題についておしゃべりしたり、互いの悩みごとについて語り合ったりということをしてきた。西井さんにとって初めての単著となる『「非モテ」からはじめる男性学』の刊行にあたり、縁あって帯コメントを寄せる機会をいただいた。そこで私はこのようなことを書いた。

「キモい」「弱い」「ダサい」
暴力的に片づけられがちな問題を
豊かな言葉で掘り返す男性研究の書

この本は「非モテ」という言葉を因数分解し、そこに含まれる様々な苦悩を丁寧に解きほぐしていくところにポイントがある。その考察対象となっている「異性愛男性」の目線で言えば、彼女ができないこと、女性から好意を向けてもらえないことが「非モテ」の象徴的なイメージになるかと思うが、男性たちの声をひもといていくとそんな単純な問題ではないことが見えてくる。

・外見やコミュニケーションにまつわるコンプレックス
・イジられたりからかわれたりした経験による傷つき
・「自分は一人前じゃない」という意識
・仕事や将来に対する不安
・誰かに認められたい、受け入れて欲しいという思い
・安心できる人間関係が欲しいという思い
・抱えている苦しみをなかなか言語化できないもどかしさ

などなど、これらはほんの一例に過ぎないが、「非モテ」という意識の中には様々な苦悩や願望が隠されているのではないか……そしてそれらはとかく「自己責任」として考えられがちだが、実は社会やメディアから影響を受けている部分も多く、自分を追いつめすぎず、問題を一つひとつ丁寧に眺めながら言語化していきましょうという姿勢にこの本は貫かれている。

私も高校生の頃から「非モテ」意識を抱いていた。中高6年間を男子校で過ごしたので、例えばクラスメイトの女子からモテた／モテなかったという経験はない。しかし高

校生になって合コンを経験するようになり、「どうやら自分は女子と友達にはなれるものの、恋愛対象としては見てもらえないタイプなんだな……」という自己認識を持つようになった。

男子校ではおもしろいやつや会話を回せるやつがクラスの中心になる傾向があり、自分はそのようなタイプだと認識していた。そしてそれはモテのヒエラルキーにも当てはまると思い込んでいたが、合コンで女子から抱かれる印象はまるで異なっていた。

例えば私が高1のときに知人の紹介で知り合い、片想いをしていたMさんは、我々の学年で「真面目でつまらない男」という位置づけだったバスケ部のBくんに好意を寄せていた。男子校的な価値観の中では自分のほうが上だろうというおごった気持ちが正直あり、「なぜBみたいなつまらないやつを!?」と混乱し、激しい嫉妬に苦しんだ。そして「なんでこっちに振り向いてくれないんだ!」という思いで当てつけのように告白し、あっさり振られてMさんはBくんと付き合い始めた。

この本には「自爆型告白」という言葉が出てくる。断られること、嫌な気持ちにさせてしまうことをどこかで自覚しつつも、少しでも自分の気持ちをわかって欲しいという一心で告白してしまう行為のことで、それはこのとき私がとった行動そのものだった。

振り返ると、その背景には様々な感情が潜んでいたように思う。例えばBくんは長身かつ小顔で手足も長く、そのスラッとしたスタイルが私の低身長コンプレックスを刺激していた。また、バスケ部は校内でも〝文武両道〟の誉れが高く、先生たちから目の敵にされがちだったサッカー部出身の自分にとって気に食わない存在でもあった。学業でもスポーツでも身長でもBくんに劣っていた私にとって、「俺のほうがおもしろいのに！」という気持ちは自分をギリギリのところで支える虚構のプライドだった。

Mさんはとても魅力的な人だったし、映画や小説が好きでモノの見方がユニークで、だからこそ「この人なら俺のおもしろさをわかってくれるはずだ」という思い込みが強化されていたように思うが、そんな彼女がBくんと付き合い始めたことは本当にショックだった。「どうせ女なんて高身長の男が好きなんだろ」「結局あの子もつまらない女だった」とふて腐れ、なぜか「あいつらよりいい大学に入って見返してやる！」という気持ちになったことを覚えている（いかにも男子的な発想だ……）。

他校の女子と合コンしたり、青春めいた片想いの経験があったりする時点で、「お前が非モテを語るな！」という話かもしれない。高校3年生のときに初めての恋人ができ、そのエピソードを書いた『さよなら、俺たち』には「しょせんはモテてきた男のフェミニズム」と批判をもらったこともある。でも、当時の私には非モテ意識が間違いなくあったし、その気持ちがミソジニー（女性蔑視）やホモソーシャルな価値観、また「自分に対する見積もりの高さ」や「それとはかなり乖離している現実の自分」によって構成されていたことが見えてきて、この本との出会いは自己理解を深めるいい機会になった。

西井：みなさん、なんで非モテ研に来てるのかってあります？
ハーシーさん：うーん、やっぱり面白いってのはありますね。自分と同じところが見えて、それを笑い合えるのがいいですね。
あだちさん：笑い合えるのがいいですよね。失敗が再解釈されて、消化されていくような気がする。（中略）僕ら苦しんでたことがあって、これを楽しむ術を見つけたんじゃないですか。

（第七章「つながり出した非モテ」より）

非モテ意識は単なる自意識の問題ではなく、そこには差別や格差といった社会構造の問題も絡んでいるし、また、粘着や逆上といった女性に対する加害の問題や、「女性の非モテ」という位相の異なる問題なども存在しているため、簡単に解きほぐせるものでは決してない。だからこの本も、そして非モテ研としての著書『モテないけど生きてます　苦悩する男たちの当事者研究』（青弓社）も、当事者としての実感から出発しつつ、自罰に走りすぎることなく、また開き直ることもせず、慎重に繊細にこの問題と向き合おうとしていることがひしひしと伝わってくる。そういった姿勢を含め、互いの体験を開示しながらそのメカニズムや対処法について研究していく彼らの言葉に触れ、非モテ意識に苦しめられていた自分の肩を優しく抱いてもらえたような感覚があった。

男として見られなかったといって人格否定されたわけではないし、恋愛関係に進めなかったからこそ育めたものだってたくさんあるはずだ。豊かな言葉で問題を掘り返し、自分自身を知っていく作業は、どこか癒やしにも似ている。

当時Mさんからもらった手紙を久しぶりに読み返してみました。記憶の中では〝文学少女〟というイメージでしたが、手紙を読み、あのとき貸してくれた本が相田みつをの名言集だったことが判明（完全に忘れてました）。意外と自己啓発的なものが好きな人だったのかもな……。

2021年7月

育児と介護を通じて考える男性性と「ケア」の問題

私の生活に「ケア」という言葉が入ってきたのは、小学生のときからやっているサッカーがきっかけだった。マイボールのときに味方がプレーしやすいよう手助けしたり、ディフェンスのときに相手に使われたくないスペースやパスコースを埋めたりしておくことを「ケアする」などと表現する。だから最初はサッカー用語だと思っていたのだが、仲良しだった友人が高校卒業後に看護師の道へ進み、彼女たちの話を聞く中で「ケア＝医療の世界の言葉」というイメージに変わった。そして大人になり、それはもっともっと広い意味やニュアンスを含む言葉だということを知り、さらにジェンダーの問題に関心を持つようになってからは、そこに根深い男女の非対称性が埋め込まれていること、また、成果や効率が重視される社会にあって不当に軽視されがちなものであることを学んだ。

最近、男性性とケアの問題をテーマとする2冊の本を立て続けに書評する機会があった。ひとつは『46歳で父になった社会学者』（工藤保則／ミシマ社）で、もうひとつは『男が介護する　家族のケアの実態と支援の取り組み』（津止正敏／中公新書）だ。育児と介護は、小さな双子と高齢者の両親を持つ身として、なんとも切実かつリアリティのあるテーマだった。

男性が育児を語るのはなかなか難しい。もちろん個々で事情は異なるはずだが、妊娠・出産にまつわる負担やプレッシャーはどうしても母親に偏ってしまうし、育児へのコミットメントも日本全体で見れば父親のほうが圧倒的に低い。また、工藤さんも〈父親は子育てにおいて、少しなにかするだけでまわりからすぐほめられる〉と言及しているように、様々な〝特権〟も存在している。そしてそれは介護も同じようで、内閣府「平成28年版高齢社会白書」によれば、主な介護者の約7割が女性と、まだまだケア役割には性別の偏りが存在しており、男性が介護するだけで特別視されてしまう傾向にあるという。

ケアとは世話や気づかい、手入れや手助けといった行為を表す言葉だ。食事を用意し、衣服を替え、下の世話をして、移動のサポートをする。相手を注意深く観察し、ニーズをくみ取り、できるだけ丁寧に応答していくのがケアであり、特に育児や介護の文脈で言えば、それはつまるところ「家事」と「コミュニケーション」のことを指している。

これらは男性が不得手とされているものの代表格ではないだろうか。ジェンダー研究でもその傾向は指摘されているし、恋愛相談の場でも家事をしない夫や彼氏の話がよく出てくる。また会話スタイルがやたらと一方向的で、コミュニケーションのつもりが単に自分の考えや主張を訴えるだけの〝プレゼンテーション〟になっている男性も少なくない。これらは個人の資質というより習慣や経験によるものだと考えられ、まさにジェンダーの影響だと感じる。我々男性はこういった問題とどう向き合っていけばよいのか。2冊の本にはそのヒントがふんだんにつまっていたように思う。

工藤さんは家事や育児にまつわる戸惑いや喜びを高解像度で描き出し、「生活」という営みの豊かさを教えてくれた。息子の世話をし、その一挙手一投足をつぶさに観察し、家族と協力しながら生活をまわしていく。本当にひたすらその連続なのだが、私はその様子を追いかけながら、日常とは何気ないものなんかじゃ全然なくて、意外性と一回性に満ちた、スリリングで豊かで尊いものなのだと痛感させられた。

部屋がちらかっているというのは、悪いものではない。じゅんが一日のエネルギーを使いはたした成果とも言える。でも、ちらかったところでぐちゃぐちゃに遊ぶのではなく、片づいている状態からぐちゃぐちゃになるまで、思う存分遊ばせてやりたい。だから、私は毎夜、いそいそと片づけをする。

（第二章「父になっていく」より）

子どもは常に物を散らかし、機嫌の変動が激しく、何をしでかすかまったく読めない。一瞬でも目を離せば死んでしまうかもしれない緊張感もあり、体力を消耗する。でも、そうやって一緒に日々エネルギーを使い果たしていくことが子育てなのかもしれない。

また津止さんは、長年「男性介護者」の研究とコミュニティ作りに携わってきた経験を踏まえながら、〈仕事と介護が両立できる社会〉に向けた提言を行っていく。完璧主義に陥って息切れする人、成果主義に走って相手を支配しようとしてしまう人、介護者に対する脆弱《ぜいじゃく》な支援体制、理解を示してくれない理不尽な職場環境など、個人と社会それぞれの視点から豊富な具体例が紹介されていく中にあって、個人的に最も響いたのが「弱さを認めよう」という呼びかけだった。

だから、私たちは改めて、こう言おうと思う。恥ずかしがらずに、我慢しないで、大声上げて泣いても、助けを求めてもいいんだよ。でも、だからと言って、決して無理はしないでほしい。SOSを出せないことを罪深く思わないでほしい。あなたが「思わず」話したくなる衝動が生まれるまでじっくり待っている仲間が大勢いることも知ってほしい。「気がつけば助けられていた」でいい。そして、あなたのことを気遣っている友人や知人、同僚、支援者をもっと頼りにしてほしい。

（第五章「もっと群れよう、男たち！」より）

弱さの開示、助けを求めること、待ってもらえることというのは、我々男性に最も足りていないものではないだろうか。ケアをめぐるジェンダー格差は確実にあって、特権を有している側の男性にとって無視できない問題だ。また、知識や心構え、スキルや働き方など、個人としても社会としても様々な課題がある。それらを踏まえた上で、工藤さんは生活という営みと向き合うこと、幼き日の自分と出会い直すことが課題を克服するための手がかりになることを示してくれ、津止さんは経験を分かち合うこと、ゆるい連帯を持つこと、依存先を増やすことの重要性を教えてくれた。

どちらも即効性のある解決策ではもちろんないが、「ケア」は男性性のこれからを考える上で重要なテーマになっていくだろう。こういった営みを通じて生活や人間関係の中に根を張りめぐらせていくことで、我々の〝空洞〟は少しずつ埋まっていくのではないかと思うのだ。

少し前に父親がぎっくり腰になり、実家で生活のサポートをする日が数日間続きました。双子たちを保育園に送り、その足で実家に帰り、母親が仕事から戻るまで動けない父の横で仕事をする。おお、これが「育児と介護が同時にやってくる」というやつか……と、その言葉のリアルに触れ、少しだけ怖気づきました。

2021年4月

〝包茎ビジネス〟に振り回されたあの頃の俺たち

私は1980年の生まれで、雑誌文化が花盛りだった90年代に思春期を過ごした。マンガもファッションもアイドルも恋愛のハウツーも、すべて雑誌が情報源だった。そんな雑誌の最後には高い確率で包茎手術を勧めるクリニックの広告が載っていた。男子校に通う自分たちにとって、タートルネックに顔半分を埋めた男性モデルの写真は格好のネタだった。しかし、日常に溶け込みきっていたあの景色が、まさか我々を愚弄し、恥や呪いを植え付ける装置として機能していたなんて……当時は知る由もなかった。

社会学者・澁谷知美さんの著書『日本の包茎』（筑摩選書）は、副題に「男の体の

200年史」とあるように、江戸時代の医学書から『週刊プレイボーイ』まで膨大な文献をひもときながら「この国で包茎がどう扱われてきたか」を明らかにしたジェンダー研究の書だ。恥の意識がどう形成されてきたかを追いかけ、包茎ビジネスの構造を白日の下に晒《さら》し、男性の身体が解放されるためのヒントを探るなど、この本で扱うテーマは多岐にわたる。その中で特にハッとしたのが「仮性包茎」をめぐる考察だった。

仮性包茎とは「ふだんは亀頭が出ていない、しかし、しようとすれば亀頭を露出することができる」状態を指す言葉だ。亀頭を露出できない「カントン包茎」や「真性包茎」よりも〝軽度〟の包茎と、一般的には理解されている。しかし、放尿や射精のときに痛みを伴うわけでもなく、包皮をむいて洗えば衛生的にも問題のない状態は、実は異常でも病気でもないという。さらに元来「包茎」とは真性包茎の状態を指す言葉であり、「仮性包茎」は正式な医学用語ですらないそうだ。この本では〈仮性包茎という概念は、美容整形医によって集客のために捏造《ねつぞう》された〉と仮説を立てて検証を進めていくのだが、そこで明るみにされた事実に私はなんだかショックを受けてしまった。

仮性包茎という名称が生まれた背景に明確な起源や原因があるわけではない。しかし、本来であればなんの問題もないペニスの状態に対し、〝仮性〟という、わかるようなわからないような名を付けて包茎の枠に押し込み、「恥ずかしいぞ」「不潔だぞ」「女にモテないぞ」「男として情けないぞ」とあの手この手で脅しながら男性を包茎手術へと導こうとする力が働いてきたことは紛れもない事実だ。しかもその圧力は青少年からシニア層まで幅広い世代に降りかかっている。

私は子どもの頃、近所の銭湯で幼馴染みのお兄さんたちに皮をむかれた経験がある。確か小1か小2のときで、いつも遊んでくれていた小6のお兄さんに「お前、ちんちんをむいとかないと大変なことになるぞ」と言われ、無理やり包皮をむかれた。皮膚がくっついているところをブチッとやられ、泣きそうになるほどの痛みが走ったが、確かにそれから包皮が下までおりるようになった。でも常にむけている状態にはならず、とりわけ男子校時代にメディアの言説をすくすく吸い込み、「包茎＝恥ずかしいもの」「自分は仮性包茎なんだ」という感覚を内面化していった。

しかし、仮性包茎とはなかなか厄介なもので、そうは思いつつも、「でも真性包茎やカントン包茎のようなマジの包茎ではないよね」という自意識も併せ持つという二面性があり、誰かに包茎とからかわれて嫌な気持ちになることもあれば、逆にからかう側として誰かを嫌な気持ちにさせることもあって、私自身も両方の立場を行ったり来たりしていた。下半身に関する揶揄《やゆ》は心のナイーブな部分を傷つけ、自分の身体を否定的に捉えるきっかけにもなってしまうことなのに、からかっているときは「ギャグじゃん（笑）」という空気を強要し、からかわれた際は自虐ネタにしてリアクションするしかなかった。そんな包茎をめぐる価値観のルーツをこの本で知るにつけ、自分たちはあの頃、メディアや〈包茎医〉たちに心底バカにされていたんだな……と気づき、悔しくて悲しい気持ちになった。

男たちの不安やコンプレックスを煽ることでメディアや包茎医たちは莫大な利益を手にした。我々はその手のひらの上でまんまと踊らされていたし、煽られた男性の中には包茎手術に失敗し、自ら命を絶ってしまった者もいたそうだ。しかしメディアや包茎医たちが責任を取ることはない。気の遠くなるような検証作業を通じてその実態を明らかにしてくれたのが『日本の包茎』であり、この本を読めたことは、包茎言説に振り回されていた当時の自分に対する鎮魂歌にもなった感覚がある。

包茎問題を軸にミソジニーや男性間コミュニケーションまで幅広く論じた男性性研究の書は、包茎言説に悩まされた当事者のみならず、男子を育てる親など幅広い人の参考になるはずだ。

澁谷さんとはその後、共編著『どうして男はそうなんだろうか会議』を出す縁に恵まれました。澁谷さんに初めてごあいさつした際の〝塩対応〟事件や、澁谷さんが気に入ってくれてその後イベントで何度も紹介されることになる、ザ・男子カルチャーな〝干し梅〟クイズなど、味わい深いエピソードが満載のこちらも併せてお読みいただけたらうれしいです。

2021年4月

「男同士」を加速させる〝オーディエンス問題〟の闇

ホモソーシャルとは「男の絆」や「男同士の連帯」などと訳される言葉だ。元々は英文学者イヴ・セジウィックの著作によって広く知られることになった概念で、「ミソジニー」と「ホモフォビア（同性愛嫌悪）」を基盤にした男同士の結びつき、および男たちによる社会の占有を意味する。差別的な価値観を共有することで連帯を確かめ合うというのがホモソーシャルのひとつの特徴だ（もっとも、男性たちにその自覚はなく、「下ネタ」「過激な発言」「ノリやイジり」くらいの認識だと思うが……）。

個人的に気になっているのは、そんなホモソーシャルにおける〝オーディエンス（観客)〃の問題だ。例えば、森喜朗氏による「女性がたくさん入っている理事会の会議は時間がかかる」という性差別発言が波紋を呼んだ際、森氏の発言がなされたときに周囲から笑い声が上がっていたことも併せて報じられていた。発言内容が絶望的だったのもさることながら、その笑い声にも深い闇を感じざるを得なかった。

オーディエンスでいることはある意味で楽だ。当事者のように言動の責任を求められることはないし、存在を隠しながらノリや連帯感だけを享受することもできる。森発言に笑い声を上げた人の中には、心からウケていた人もいれば、愛想笑いや呆れ笑いのようなつもりだった人もいたと思う。しかし、それが笑い声という形を取っている以上、賛同の意味になるし、発言者の気分を良くする方向に作用する。つまりオーディエンスの笑いは権力者への忖度《そんたく》であり、被害者への二次加害であり、差別の扇動にもなってしまうわけだ。

これはリアルな場だけでなく、SNSなどのネット空間でも頻繁に起こっている。例えば桃山商事ではかつて、匿名掲示板やニュースのコメント欄における「大喜利・チキンレース現象」について考察したことがある。これは女性蔑視的、あるいは民族差別的風潮が強い場で頻繁に見られたもので、ノリを共有した仲間から称賛を得るために書き込みがどんどん過激化していく現象を指している。この場合、書き込む人は発言者にも扇動者にもなるわけだが、全員が群衆に一体化し、どれだけ酷いことを言えるか、どんな言い方で対象を貶《おとし》められるかを競い、おもしろがり合う様子は本当に醜悪だ。

先日も、歴史学者の呉座勇一氏がツイッターの鍵アカウントで英文学者の女性を長きにわたって誹謗《ひぼう》中傷していたことが明るみに出て大炎上するということがあった。閉じたコミュニティの中で呉座氏が繰り返していた発言や、そのフォロワーたちとのやりとりを見るに、これもまた「大喜利・チキンレース現象」の一種だったのではないかと私の目には映った。

偉そうに批判しているが、私自身もホモソーシャルのオーディエンスとして差別的な発言に加担してしまったことが何度もあるし、男友達の笑いを取りたいと思うあまり、一緒にいた恋人に対してひどい振る舞いをし、傷つけてしまったこともある。あれは完全にチキンレース的マインドで、思い出すたびに「なんであんなことをしてしまったんだろう……」と変な汗が出てくる（詳細は桃山商事の著書『モテとか愛され以外の恋愛のすべて』の第7章「恋愛と油断」に掲載されておりますので、よかったらぜひ……）。

周囲から称賛されることは気持ちいいし、オーディエンスにとっても当事者がヒートアップしてくれるのは楽しい。煽る側と煽られる側の利害が一致しているため、事態はどんどんエスカレートしていく。快楽や興奮、承認欲求などが絡んでくるため、なかなかブレーキも効かず、本当に根の深い問題だと感じる。大御所の政治家が〝リップサービス〟のつもりで問題発言を繰り返すのにもこのようなメカニズムが働いているはずだ。同調圧力に抗うのは勇気の要ることで、たとえ違和感を抱いたとしても受け流し、オーディエンスに紛れてしまったほうが楽だったりするため、私自身にとっても他人事ではない。ノリに乗っかってしまったり、空気にのみ込まれたりしないためにも、自分も傷つける側になり得るという意識を持つことが大事ではないだろうか。差別発言に笑い声をあげるのは、傍観者ですらなく、れっきとした加害者なのだ。

最近のSNSにおけるアンチ・フェミニズム的なバッシングや、再生回数を競うYouTuberの世界などでも、この「大喜利・チキンレース現象」が色濃く見られるように感じます。差別的な発言のみならず、デマや迷惑行為に発展するなど、言動がどんどん過激化しており、恐ろしさしかありません……。

2021年3月

「清田くん、安っぽいスーツ着てるね〜」「うっせぇわ」

桃山商事では2011年からPodcast配信を行っていて、一時中断していたのだが、このたび「桃山商事の恋愛よもやまばなし」という番組名で久しぶりの配信を再開。毎回ひとつのテーマに沿って様々なエピソードを紹介している。

先日配信された放送のテーマは「恋愛うっせぇわ特集」だった。話題のシンガー・Adoによるヒット曲『うっせぇわ』のエッセンスを拝借し、余計なお世話や癪《しゃく》に障るひと言、上から目線のアドバイスなど、恋愛において「うっせぇわ」と感じた瞬間のエピソードを募り、それらの背景にある問題についてメンバーとともに語り合った。

集まったエピソードはこのようなものだ。ある20代女性は、知り合い男性から「彼女にするのは何か違うけど、嫁にならら欲しいタイプだわ。家事とかちゃんとしてくれそうだし」と言われた。また別の20代女性は、恋人でもない男性から「そのくらい身体に脂肪がついていたほうが抱き心地がいいよ」という言葉を投げかけられたという。どちらも勝手にジャッジしていることが気持ち悪いし、謎の上から目線で腹立たしい上、女性を性の対象やケア要員としてしか見ていない時点で完全なセクハラ発言だ。百歩譲って男性側としては「褒め」のニュアンスを含めていたとしても、言われた側からしたら間違いなく「うっせぇわ」だろう。

中でも独身女性からの投稿が多く、「理想が高すぎるから結婚できないんだよ」「婚活は仕事の片手間でできるほど甘いものじゃない」といった説教系のエピソードや、外国人との交際や卵子凍結などを勧めてくる余計なお世話系のエピソード、また「独身はいいよね。結婚して子どもが生まれると全然遊べないよ」など、既婚女性からのマウンティング系エピソードなども少なくなかった。こういう失礼極まりないことを言ってくる人たちはやたらと〝普通〟や〝常識〟を振りかざし、自分こそがマジョリティであると信じて疑わない厚かましさが特徴だ。だから他人を無遠慮にジャッジし、ずけずけと価値観を押しつけることができてしまう。まさに「うっせぇわ」である。

以前もコラムニスト・犬山紙子さんの造語を拝借して「クソバイス特集」を行ったことがある。言われた瞬間は微かな違和感を抱きつつ聞き入れてしまうものの、あとからどんどんモヤモヤが募ってきて、次第にムカつきが収まらなくなっていく……。そういうアドバイスは〝クソ〟であるとレッテルを貼り返すことで溜飲《りゅういん》を下げようという主旨だったが、「うっせぇわ」というフレーズの流行により怒りの段階がより進んだ感がある。失礼な言葉には耳を貸す必要もないいし、考察する必要もない。脳のメモリを割く価値など一切なしと瞬時に切り捨てる力が「うっせぇわ」には宿っている。

思えば私も、小柄で喧嘩が弱そうな見た目や、フリーランスの文筆業という身分、また「恋バナ収集」という説明しづらい活動内容が関係してか、悲しいほど人からナメられやすく、失礼なことを言われる機会の多い人生だった。元カノの親族からは「この子と結婚したいならちゃんとした会社に就職して」と言われ、ラジオ番組に出演したときは先輩ライターから「恋愛相談とかやってるけど、本当は下心があるんでしょ？」と生放送中にディスられた。コンサルかぶれみたいな知人から「桃山商事なんて怪しい活動をやめてNPO法人にすべき」と飲み屋で長々と説教され、友達の結婚式で10年ぶりに会った同級生から「清田くん、安っぽいスーツ着てるね〜」と鼻で笑われた。

そのとき私は、引きつった笑顔を浮かべながら受け流していたように思う。モヤっとしつつも、「はは」と力なく笑うだけで何も言い返すことができなかった。そのせいか、これらの言葉は今でも心のどこかに刺さったままだ。思い出すたびに当時の感情が瞬時によみがえる。「うっせぇわ」とバッサリ切り捨てられたらどんなに痛快だっただろう。

この歌が大人たちから常識や古い価値観を押しつけられることに辟易《へきえき》した若い世代の心情を描いたものであることを思うと複雑な気持ちになるが、自分も「うっせぇわ」と言われる側にならないよう気をつけつつ、メンタルを上手に守っていくためにも、失礼なことを言われた際はバシバシ「うっせぇわ」と切り捨てていきたい。安っぽいスーツと笑った男の老後が孤独なものになりますように。


SNSでも失礼なことを言われる機会が多く、特にアンチ・フェミニズム系のアカウントが天敵なのですが、それを見かけた桃山メンバーのワッコさんが「清田さん、クソみたいなやつらに絡まれてましたね！」と言ってくれて、心がスーっと浄化されました。

2021年2月

モテない〝モブキャラ〟たちの切ない小競り合い

最近、Official髭男dismの『Pretender』が脳内で再生されている。2019年のリリース以来、YouTubeでも数億単位で再生されている大ヒット曲だが、自分の中でなぜか定期的にリバイバルブームがやってくるのだ。

私は最初、この曲を〝街やテレビでよく耳にする歌〟という距離感で知った。「へえ、最近はこんな歌が流行っているんだな」と、時代に取り残されていくような焦りとさみしさを抱きながら試しにYouTubeで視聴してみたのだが、そこで抱いたのは流行に対する隔世の感……などでは全然なく、むしろ「何これめっちゃわかる!」という激しい共感だった。

その切なくてエモーショナルなメロディや、トリッキーなバンド名からは想像がつかない正統派の歌声ももちろん素晴らしかったが、何より心を奪われたのは、歌詞に表れるストーリーとそれを体現するようなミュージックビデオだった。

私が解釈した歌詞の世界観はこうだ。主人公の男性は大学のサークルに所属していて、そこにいるひとりの女性に片想いをしている。しかし彼女はこちらのことを友達としてしか見ていない。何もしなければずっと仲間でいられるが、今の関係のままではつらい。告白をすれば何か変化が生まれる可能性はあるものの、振られたら関係が壊れ、最悪コミュニティにいられなくなってしまうリスクもつきまとう。どうすればいいかわからないが、「君は綺麗だ」ということだけは確かだ——というストーリーだ。

これを聴いて思い出したのが、高校時代に経験したほろ苦い恋愛の記憶だ（というか、先に「モテない苦しみを因数分解してみると」で紹介したMさんとのことだ）。私の片想いが実らず、彼女が最終的にバスケ部のBくんと付き合うに至った経緯はすでに紹介したまでだが、実は同級生のSという男も彼女にアプローチをしていて、我々は密かなライバル関係になっていた。MさんとSくんを含む数名のグループで遊ぶこともあれば、ポケベル（90年代！）で連絡を取り、個別にMさんを誘うこともあったが、その一方でMさんとSくんは最寄り駅（JR田端駅……）が同じというのもあり、一緒に通学している姿を毎朝のように目撃していた。私は嫉妬心のあまり、サッカー部の仲間でもあったSくんと若干ぎくしゃくするようになってしまった。

しかし、そうこうしているうちにMさんがBくんに想いを寄せていることが判明した。Bくんはまったくのノーマークだったので驚きだった。そして私は振られた。Sくんが最終的に告白したかどうかはわからないままだが、俺かSのどちらかが選ばれるというストーリーは完全なる妄想だった。部活の仲間と気まずくなってまで繰り広げたあのデッドヒートは一体なんだったんだ！

グループやコミュニティに所属してはいるものの、中心人物としてスポットライトが当たるわけではない「その他大勢」のような存在を、群衆という意味の英語に引っかけて〝モブキャラ〟などと呼んだりするが、Mさんをめぐる戦いの主人公だと思っていた我々は、実は単なるモブキャラに過ぎなかったのだ。『Pretender』で当時の記憶がよみがえったことをきっかけに、桃山商事の番組でも「恋愛モブ体験」という特集を組んだところ、好きな人の「one of them」にしかなれなかった切ないエピソードが数多く寄せられた。私も番組でSくんとの悲しいライバル関係を紹介し、それは「モブの小競り合い」と呼ばれた。男子の偏った妄想、視野の狭さ、こじれた自意識などを示すエピソードとして、これからも大切に語り継いでいきたいと思っている。

ちなみに『Pretender』については、文学研究者の阿部幸大さんが「クィア・リーディング」という手法を用い、実はジェンダーやセクシュアリティが限定されるような言葉づかいが意識的に避けられている歌詞になっており、男女の異性愛に限らない多様な読解が可能であることを指摘していた。そこに含まれる豊かな可能性に気づけていなかった自分にとって、とてもハッとさせられる論考だった。やはり恋バナは奥が深い……。こちらはネットで読めるテキスト（「Official髭男dismの大ヒット曲『Pretender』を同性愛から読み解く」／『現代ビジネス』）なので、興味があればぜひ読んでみてください。

山手線で田端駅を通ると、楽しげにホームを歩いているMさんとSくんの姿がいまだによみがえります。まさかこの本で2回もMさんの話を書くことになるとは。

2020年11月

男たちは自分のことをわからないままでいいのか

拙著『よかれと思ってやったのに』は、恋愛相談や恋バナ収集を通じて女性たちから見聞きしてきた「男に対する不満や疑問」にまつわるエピソードを20のテーマに分類し、その背景にはどんな要因があるのか、失敗を繰り返さないためにはどうすればいいのかについて考えた一冊だ。どれも極めて〝あるある〟なテーマで、女性たちからは共感の嵐だった。もちろん男性たちからも「身に覚えがある」「自分のことを言われているようでつらい」といった感想が一定数あったが、それ以上に多かったのが「ヤバい男の事例ばかり集めただけでは?」「男をひと括りにしないで欲しい」といった反応だった。

読んでくれた女性から、「本に書かれてある話がすべて夫に当てはまるものだったのでオススメしたところ、夫からはまるで他人事な反応しか出てこず、あまりの無自覚さに恐怖すら覚えました」という感想をもらったこともあった。上野千鶴子さんが寄せてくださった帯文にも〈ここに書いてあること、オレに関係ねぇ〜もん、って男に会ってみたい。その自己認識のなさもとっても「男らしい」ーっ！〉とあった。全身を鏡で映しているのに自分のことだと認識してくれないレベルの無自覚さ……。もしかしたら男たちは、自分で自分のことがよくわかっていないのかもしれない。

水谷緑さんのコミックエッセー『男との付き合い方がわからない』（大和書房）は、SNSで話題になっているのを見かけて以来ずっと気になっていた一冊だった。絵柄は親しみやすく、話の展開もわかりやすい。その点は極めてコミックエッセー的なのだけれど、ほのぼのしたマンガでは全然なかった。それどころかずっしり重い。重たすぎて、読後しばらく動けなくなってしまった。

この本はタイトル通り、男性との接し方に悩む主人公（＝著者）が、その原因や対策についてひたすら掘り下げていく一冊だ。性暴力や性差別、一方的なジャッジや押し付けなど、男性に対してトラウマや嫌悪感を抱くようになった長い歴史があり、それを振り返りながら男性とのコミュニケーションについて模索する内容になっている。

個人的にグサグサ刺さったのは、主人公の目を通して描写される男性たちの姿だ。自覚のないまま男尊女卑的価値観を小学生にばらまく担任の先生、女子を容姿でジャッジする傲慢なクラスの男子たち、「女らしさ」の幻想を押し付けてくる過去の恋人たち、痴漢や性暴力の加害者男性、ブラック企業的な環境に過剰適応してしまっている男性社員たち、婚活で出会ったまったくコミュニケーションの取れない男性たち、家事スキルが皆無なままでも許されてきた夫、人に弱みをさらけ出せない男たち、自分の感情を言語化できない男たち……。どれも既視感たっぷりの光景で、桃山商事の活動を通じて女性たちから見聞きしてきた男性像ともものすごく重なる。背景には男性優位かつ男尊女卑的な社会構造が確実に存在していて、それゆえに判で押したような言動が量産されているのではないかと想像するが、悲しいかな私自身もその構造下で育った男性の一人であり、それがずっしりとした胸の苦しみにつながっている。

この本は男性を叩こうとするものでは決してない。むしろどれだけ嫌な思いをさせられても絶望せず、最も身近な〝他者〟である男性に対する興味を持ち続け、相互理解を試みようとする著者の姿勢には頭が下がる。出会う男性たちを鋭く観察し、専門家や臨床現場を訪ね歩き、文献などにも当たりながら男性という生き物に抱く謎を解き明かしていくこの本は、男性とのコミュニケーションについて悩み続けてきた著者にとって当事者研究の書になっているばかりか、読者にとって――とりわけ男性たちにとっては自己理解を深めるための心強いテキストにもなるはずだ。

しかし、である。もとはと言えば男性たちの無知や無理解、無自覚な振る舞い、自分の感情を言葉にしない傾向などがきっかけになっていたのに、そうした男性性の問題を解明するのは女性である主人公……という構図になっており、登場する男性たちのほとんどは今なお無自覚なまま生きているはずだ。本当にそれでいいのだろうか？

主人公が「男との付き合い方がわからない」と悩まされてきたのは、おそらく、男性自身が自分のことをわかっていないからだ。その空洞を埋めるためには一人ひとりが自分自身を見つめ、背景にある社会構造についても学びながら、自分を表現するための言葉を耕していくしかない。それをしない限り、我々は自分との付き合い方がわからないままかもしれない。

先日も男性限定の語り合いイベントを開催したのですが、20代の学生から定年退職後の70代男性まで、幅広い世代が輪になって悩みを語り合っていて、素敵な光景でした。家庭内での居場所のなさ、ジェンダー観の変化についていけないことへの戸惑い、ホモソーシャルな飲み会に適応するしんどさなど……普段はなかなか吐露できない悩みを共有する男性たちの間には、なんともやさしい空気が漂っていました。

第２章

コロナと
育児と
生活の限界

2022 ← 2020

2020年9月

自由か管理か。限られた体力の中で葛藤を続ける双子育児

我が家には0歳児の双子がいる。現在は生後10カ月を過ぎたあたりで、ハイハイで活発に移動し、ちょうどいい高さのところを見つけてはつかまり立ちをくり返す。その姿はとてもかわいく、iPhoneのカメラロールは双子たちで埋め尽くされている。しかし、この人たちと過ごす時間はなかなかに大変だ。

夫婦ともに在宅ワーカーで、双方の両親が手伝いに来てくれる恵まれた環境ということもあり、今のところ保育園には預けず自宅で仕事と育児を続けている。これが結構ハードで、毎日ひたすら眠い。個人的に最も大変なのは「目を離すことができない」と

いう点だ。

双子たちの興味関心は秒単位で移っていく。おもちゃに飽き、積み木を倒し、絵本を投げ捨て、ハイハイで赤ちゃん部屋を抜け出す。リビングをはいずり回り、ビニール袋をくしゃくしゃ握り、キッチンカートでつかまり立ちをする。台所には危険なものがたくさんあるし、硬い床で転んだら怪我をする可能性も高まる。だからそのつど赤ちゃん部屋まで運んで戻すのだが、それぞれ9kg以上ある双子たちをくり返し運搬するのはなかなかの重労働だ。転ぶ、ぶつける、舐《な》める、飲み込む……と、常にリスクと隣り合わせな状況のため、起きている間は目を離すことができない。このような状況だと仕事はまったく手につかないし、慢性的な寝不足のため体力のキャパシティも限られている。そんなとき、自分の中に「管理」への欲望がむくむくと湧いてくる。

例えば一定の範囲から出られないよう柵を設ける、転んでも大丈夫なよう床に緩衝材を敷き詰める、つかまり立ちできそうなものをあらかじめ取り除いておく、喉を詰まらせる大きさのものをあらかじめ家の中から排除しておく——など、最初からリスクの芽を摘み、双子たちから目を離しても事故が起きない環境を作ることで見守りコストを削減できないかという考えが頭をもたげてくるのだ。

しかし、これはいわゆる「環境管理型権力」と呼ばれるものに近いような気もする。「マクドナルドはイスの座り心地をあえて悪くしておくことで客の回転率を上げている」という話が事例としてよく用いられるように、当人に悟られることなく行動をコントロールしていくのが環境管理型権力の特徴だ。もちろんポジティブな側面もあるし、簡単に価値判断を下せるような概念でもないのだが、人の自由を巧妙に制限できてしまうものであり、恐ろしさを感じる。

子どもたちは好奇心がそのまま具現化したような存在で、「目に映るものすべてが興味の対象です！」くらいの勢いであちこち動き回っている。まだ会話なんてできないので何を感じているのか究極的にはわからないが、近づいて存在を確かめたり、動きを観察したり、音や感触を味わったり、身体の動かし方に気づいたりと、双子たちの中では本当にいろんなことが起こっているんだろうなと感じる。だからなるべく思いのまま行動してもらい、本当に危険なところだけきちんとケアしてあげたいという気持ちと、それはあまりにも大変なので、自分たちが見守りやすいよう上手にコントロールしながら管理していきたいという思いの間で日々揺れている。

これは生活の中で発生している個人的な葛藤だが、この感覚はおそらく、もっともっと引き延ばしていけば政治や社会の問題について考えることにもつながるはずだ。例えば日本に住む一人ひとりに番号を割り振る「マイナンバー制度」などはまさに自由と管理の問題だろうし、環境設計によって行動を巧妙に制限しようとする発想は、公園にある寝転がれないようになっているベンチや、駅前のスペースに並ぶ突起物のようなオブジェなんかに象徴される「排除アート」とも地続きのものだろう。そもそも自由と管理の問題は、新型コロナウイルスによるパンデミック真っ直中の今、世界中が頭を悩ませている問題でもある。

個人的には自由を重んじていきたい考えだが、体力やキャパシティには限界があり、ある程度は管理していかねばならない現実もある。答えは出そうにないが、葛藤を抱えながら今日も双子たちをエンドレスに運搬していきたい。ただ、とにかく腰が痛い。

0歳児！　もはや懐かしさしかない響き！　しかし、自由と管理をめぐる問題は、双子たちが3歳児になった今でも続いています。台に登って手の届かないところのものを取ろうとするし、玄関の鍵だって開けられるようになってしまい……自由と安全の両立を目指し、まだまだ奮闘中です。

2020年11月

子どもの成長はあっという間。でも、大人の1年だってそれなりに長い

まもなく双子たちが1歳の誕生日を迎える。2700g前後で生まれた赤子たちは10kg程度になり、最初は1回20mℓのミルクを飲むのがやっとだったのが、今では茶碗1杯のおかゆやベビーフードを食べ、フルーツも口にし、夜中のミルクも240mℓ(ほ乳瓶に満タン!)を余裕で飲み干すようになっている。声をかければ反応し、こちらのジェスチャーを真似てみせ、伝え歩きであちこち移動し、つい先日には双子の片方が一人で立てるようにもなった。まだ5本程度だが上下になかなかしっかりした歯も生えてきているし、生まれつき多かった髪の毛はぐんぐん伸び、我々では手に負えなくなって

こないだ初めて美容院にも行った。もはや「赤ちゃん」という言葉が似合わなくなっている双子たちの1年間を思うと、とにもかくにも成長や変化を実感するばかりだ。

だが、成長し変化しているのは赤子たちだけだろうか。スマホのカメラロールで昨年の今頃を振り返ってみると、当たり前だがそこには1年前の自分たちが写っている。2019年の秋といえば、消費税が8%から10%になり、ラグビーW杯で日本代表が躍進し、「過去最強クラス」と喧伝《けんでん》された台風19号が関東地方を直撃した頃だ。

双子の入った妻のお腹はパンパンに膨れあがり、帝王切開での出産となるため3週間前から入院した彼女の元には日々いろんな友人たちがお見舞いに訪れている。私はこの年の夏に桃山商事としての著書『モテとか愛され以外の恋愛のすべて』と初の単著『よかれと思ってやったのに』を同時に出版したこともあり、お笑い芸人のバービーさんと対談したり、ユニットでTBSラジオ「アフター6ジャンクション」に出演したりと、刺激的なお仕事に恵まれあちこちを飛び回っている。朝日新聞beの人生相談「悩みのるつぼ」で回答者を務めることになり、上野千鶴子さん、姜尚中《かんさんじゅん》さん、美輪明宏さんという大御所の中に自分なんかが混じっていいのだろうかとひたすらビビりながら回答し始めたのもこの頃だ。

すべては遠い過去……だとは全然感じないが、それでも1年という時間のなかなかの長さを実感する。このあと私たちの暮らしは新型コロナウィルスの蔓延によって一変し、取材やイベントで外を出歩きまくれる日々は失われてしまった。友達の大半とはリモートでしか会えていないし、趣味の観劇にもほとんど行けていない（双子の子育てに追われてそもそも出歩けないという事情もあるが）。

一方で、最初は恐る恐るやっていたオムツ交換を今では半分寝ながらでもこなせるようになったし、保育園の下見に行きながら来年の計画を立てたりもしている。また、不倫の苦しみや夫への愚痴、職場の人間関係や子どものゲーム依存など、新聞の人生相談で様々なお悩みと向き合う中で回答者としての自信も少しずつついてきた。今は人生で初めての金髪に挑戦中で、去年はヘビロテで着ていた服が少し古く見えるようにもなっている。

大人の1年だってそれなりに長い。赤子に比べたら実感しづらいかもしれないが、我々もまた日々変化し、成長しているのだ。記念すべき双子の誕生日には、そんな自分たちのことも同時に祝ってやりたいと思う。

変化と言えば、大人も1年経つと結構見た目が変わってたりしますよね。去年の写真を見るとなんだかちょっと若々しい……。そして最近、久しぶりに髪の毛を黒っぽいカラーに戻しました。目立つ白髪をこまめに染めなきゃいけないのが大変ですが、なかなかいい感じです。

2021年1月

多様すぎる「育児ハウツー」は夜泣きを救うか⁉

新年早々、子どもたちの夜泣きに悩まされている。毎日21時頃に寝かしつけを行うルーティーンなのだが、生まれてから今に至るまで、朝までぐっすり眠ってくれたことは皆無に等しい。双子育児をしていると「一人が泣くともう一人も起きちゃうでしょ？」とよく聞かれるのだが、不思議と連鎖して泣くことはほとんどない。片方がすぐ隣で大泣きしたとしても、どういうメカニズムなのかもう片方はすやすや寝ている。だからそこはさほど問題にならない……というか、むしろ一緒に泣いてくれたほうが楽ではないかとすら感じる。というのも、それが交互にやってくることのほうが恐ろしいからだ。

夜泣きの原因は概ね「空腹」と「寝ぼけ」だと考えられる。前者はミルクを与えれば、後者はしばらくあやせば再び眠ってくれるので、対応はできる。生後すぐのときから3時間おきのミルクが習慣だったので、夜泣きが今に始まったわけでもない。我が家では親と子の寝室が別々になっていて、泣き声が聞こえれば目を覚まし、キッチンでミルクを作って飲ませに行き、授乳中にオムツを替えるという一連の動作が身についている。どれだけ眠くても半自動的に身体が動いてくれるのは、我ながらすごいなって思う。

それを妻と交互にやっているので、双子たちが同じタイミングで泣いてくれればまだなんとかしのげる。しかし最近はどういうわけかリズムがきれいにズレてしまうことが増え、例えば2日前の夜などは、21時に双子を寝かしつけたあと、23時、24時、1時半、2時半、4時、5時、6時半、7時……と朝まで互い違いに泣くという状態が続いた。いくら妻と連携プレーで対応しても、ここまで細切れで起こされてしまうと心身ともに疲労困憊《こんぱい》し、互いにヘトヘトのまま新しい一日が始まるということが最近とても多い。

赤子の睡眠にまつわる本によれば、夜中の授乳は早い子で6カ月くらいのタイミングで終わり、段々とまとまって眠るようになっていくとある。もちろん個人差も大きい問題なので一概にとは言えないだろうが、生後1年以上経っているのにここまで頻繁にミルクを欲するのはややレアケースで、妻との間では、これは単なる空腹が原因ではなさそうだという話になっている。

かといって何が正解なのかはわからない。育児関連のハウツーには様々な流派があり、本やネットで調べても、あるところには「子どもが欲する限り飲ませてあげましょう」とあり、またあるところには「夜中のミルクは胃に負担がかかるので白湯を飲ませましょう」とあり、別のところには「癖になっているだけなので、どれだけ泣いてもミルクは与えず、粘り強くあやして寝かしつけましょう」とある。「一切あやさず放置すれば数日間で夜泣きが止まる」というアドバイスをもらったこともあるし、「寝室を一緒にしてあげたほうが赤ちゃんも安心するのでは？」と諭《さと》されたこともある。意見が正反対のほうを向いているケースもしょっちゅうで、結局のところ夫婦で話し合って取捨選択していくしかない。

幸い双方の両親が頻繁に手伝いにきてくれる環境にあり、日中にバトンタッチして仮眠を取ることはできる。なのでギリギリ持ちこたえているという状況だが、夜泣きはいつまで続くのか——。人はこういう経験を積み重ねて親になっていくのかもしれず、あとから振り返れば懐かしさすら抱くのかもしれないが、とにかく眠い（泣）。先日などは高価なユンケルを飲んだ直後に寝落ちしてしまったくらい眠気に抗えない。これを書いているのは早朝の6時だが、また隣の部屋から泣き声が聞こえてきた。それではミルクに行ってまいります……。

この頃に比べればだいぶ落ち着いたとはいえ、恐ろしいことに夜泣きは3歳を過ぎた今もなお続いています。ツイッターにリアルタイムで「夜泣きが始まった」などと愚痴を書くので、友人知人だけでなく、仕事相手のみなさんからもご心配いただき恐縮です……。

2021年1月

自分を許してくれない〝リトル清田〟の厳しさ

ここ数か月、家で料理を担当している。子どものご飯は手の空いているほうが用意するという分担制になっているが、自炊のスキルを磨きたいのもあり、朝と夜、自分と妻の分の食事を担当させてもらっている。独身のときは概ね外食で、たまに料理はしていたものの適当な自炊ばかりで、習慣として身についていたわけではなかった。

こうして毎日のこととして向き合うと、料理とはいろんな工程から成る一連の作業であることを痛感する。料理する人からしたら「何を今さら」という話だと思うが、肉や野菜を切って調理してというだけでなく、食材の仕入れや在庫の管理、調味料やラップなどの補充、洗い物、乾燥、皿や鍋の出し戻し、栄養のバランスや飽きないためのメニューの工夫……などなど、細かなプロセスの集合体で、それを日々回していくことが料理なのだと改めて思う。

生活能力が低いことが長年のコンプレックスだったため、料理の習慣が身についてきたのは個人的にとても喜ばしいことだ。スーパーの買い出しも板についてきて、冷蔵庫やキッチン用品の在庫を思い浮かべながら買い物をできるようになった。また、使いたい食材をスマホに打ち込めば様々なレシピが検索できるので、そこから目ぼしいものを選び、手順通りに作っていけば大体はいい感じに仕上がる。

昨夜は豚バラとピーマンとたまねぎがあったので「チンジャオロース風の豚バラ炒め」を、その前はそうめんとトマトがたくさんあったので「鶏トマトそば」を作って食べた。今夜は冷蔵庫に余っていたごぼうや山芋、にんじんなどを使って「根菜の雑煮」を作った。「ささがき」のやり方も、「短冊切り」のやり方も、すべて動画を見ながら覚えた。私にとってスマホはお料理教室のような存在だ。

しかし、である。これは確かに以前と比べれば「目覚ましい」と形容できるほどの進歩なのだが、それでもなぜか自分の中には〝やましさ〟のような感覚がどこかつきまとう。「スマホを見ながら作ってるうちは料理ができるようになったとは言えない」というような思いがなかなか拭えないのだ。

これは一体なんなのだろうか。自分なりに原因を掘り下げていくと、心理学の本などでよく目にする「超自我」の問題に突き当たる。超自我とは言わば「自分のことを見張ってる自分」のような存在で、それが自分の一挙手一投足を監視し、ときに厳しいツッコミを入れてきたりする。超自我という言葉でハッキリ認識するようになったのはここ数年のことだが、自覚がある限りで言えば私は中学生くらいの頃からこの問題に悩まされてきた。

それは日常の様々なところで立ち現れる。例えば私は長年サッカーをやっているが、自分がゴールを決めた場面で派手に喜びを表現することができない。また、真剣になるべきシーンで真剣な雰囲気をまとうのが苦手で、セックスの最中ですらベラベラしゃべりがちで相手を困惑させてしまったこともある。比較的スムーズに仕事が進んだ日であっても「できなかったこと」に着目して自分を責めてしまうし、こうしてエッセーのような文章を書くときも、こんなもの誰が読みたいのだろう……という葛藤が一向に拭えない。「プロでもないくせにｗｗｗ」「何をカッコつけてんだよ」「まだまだ無駄な時間が多いのでは？」「お前の話に価値があるとでも思ってんの？」といった声が脳内に響き渡り、自分の言動に釘を刺してくる。

有り体に言えば「自意識過剰」とか「自己肯定感が低い」という感じになるのかもしれないが、超自我には家族や学校の先生、友人や恋人、触れてきたカルチャーやメディアから受け取るメッセージなど、広く〝社会〟から受けた影響が埋め込まれている感覚があり、それらが規範意識みたいものとなって自分を監視してくる。私はこの超自我に〝リトル清田〟と名づけ、少しでも軽い存在にしていこうと試みているのだが……なかなか上手くいかず、「そんなに厳しくしないでよ」っていつも思う。

スマホを見ながら料理することにやましさを感じてしまうのは、とりわけ30代になってから積極的に触れるようになったフェミニズムの影響がおそらく大きい。この社会には「家事育児は女性の仕事」という性別役割分担意識がまだまだ根強いが、一方の男性には、それに少しでもコミットすると過剰に褒められるという〝特権〟が存在している。私自身、男性当事者としてそれを体感する場面は確かに多く、男性は何かと下駄を履かされやすいから、常に自分を厳しく見張り続けねばならないという感覚が正直ある。

だから、ちょっと料理をするようになったからといって調子に乗らないよう気をつけたいし、大した技術もないのに「俺は料理できる」だなんてゆめゆめ考えてはならないと、心から思う。そういう諸々がリトル清田の声となって自分を諫《いさ》めてくるのだと思うが、一方で「そこまで自分を監視する必要ある？」という思いもなくはない。

以前、漫画家の田房永子さんとライターの小川たまかさんと一緒に家事育児をテーマに座談会でおしゃべりしたとき、友人でもある彼女たちからも「リトル清田の要求は厳しすぎる」と指摘された。「ジェンダーにまつわる意識を高く持つことは大事だけど、それが行きすぎると自分を永遠に認めてあげられないことになってしまうのではないか」とも言ってくれ、少し気が楽になった感覚がある。リトル清田はめちゃくちゃ手強いので、気がつくと「調子に乗るな」というささやきに飲み込まれそうになってしまうわけだが、確かに厳しすぎるような気もする。

料理の習慣は自分と生活の距離を確実に縮めてくれているし、妻も毎日おいしいと食べてくれる。調子に乗ることと自分に「いいね」をつけてあげることは多分違うし、そもそも「スマホを見ながら作ってるうちは料理ができるようになったとは言えない」だなんてフェミニズムはひと言も言っていない（むしろ正反対のことを言ってるような気すらする）。おいしいと思ったらその実感を大事にする、湧いてきた達成感や満足感はつぶさずに味わう、小さな上達や成長を楽しんでいく、褒めてもらったらまっすぐ受け取る……などなど、上手に自己満足するための心がけを自分なりに意識しながら、厳しすぎる超自我と戦っていきたい（なかなか勝てないけど）。

双子たちも大人と同じものを食べるようになり、最近では「今日のご飯はおいしかった」「またお肉のやつ作って」「緑のお野菜は入れないで」などと料理の内容や出来映えに口を出してくるようになりました……。

2021年2月

〝結果にコミット〟できない社会人のモヤモヤ

20年近く同じサッカーチームに所属している。趣味の集まりではあるものの、毎週グラウンドの予約や練習試合のマッチメイクをやってくれる代表者や、チーム戦術や出場メンバーを考えてくれる監督、さらには練習のサポートや試合の映像撮影を担当してくれるマネジャーまでいて、アマチュアの草サッカーではあり得ないほどのプレー環境に恵まれている。

メンバーは20代から50代まで多様だが、監督は四六時中ヨーロッパのサッカーを見ているような戦術オタクだし、学生時代は体育会の部活動でバリバリやっていたような選手もいて、総じてサッカー熱が高い。チーム戦術をしっかり理解しつつ、技術やフィジカルに関しては個々人で磨いていかねばならず、頭も身体もとても疲れる。贅沢で刺激的な環境である半面、ついていくのがやっとという側面もあり、ミスをしたり試合に出られなかったり、悔しい思いやふがいない思いをする瞬間も少なくない。

私はチーム幹部の一人として選手間のコミュニケーションを調整する役割を担っているのだが、ここ数年、チームのレベルが上がっていくにつれてモチベーション維持に苦しむメンバーが増えているのが悩みどころだ。技術やフィジカルに劣るメンバーは週に1回のチーム活動以外でも自主的に練習をし、少しでも差を埋めていきたいところなのだが、平日働いている社会人にとってはこれがなかなかに難しい。長時間労働の仕事だったり、子育てをしたりしているようなメンバーにとってはなおさらだ。

私自身もそんな悩みの渦中にいる。上手な選手の足を引っ張らないよう努力を重ねなければならない立場で、ランニングや筋トレ、ボールを使った自主トレや戦術理解度を高めるための勉強など、やらねばならないことが山ほどある。しかし、仕事と子育てで手一杯というのが本音で、それに取りかかるための時間と体力が確保できない。モチベーション維持に苦しんでいる他のメンバーも概ね同じ状況で、励まし合いながらなんとか頑張っている……のだけど、グラウンドの上では結果がすべてであり、忙しさはなんの言い訳にもならない。ふがいない思いをするのも、ミスをして怒られるのも、結局は自分のせいということになってしまう。

それでもやはり上手くいかないときは落ち込むし、そうなると思考はどんどんネガティブな方向に傾いていく。例えば時間とエネルギーをすべて自分のために使える（ように見える）独身者をうらやましく感じてしまったり、「既婚の子持ちなのにそこまでサッカーに打ち込めるのは家事や育児を妻任せにしてるからだろ！」と家庭を顧みない（ように見える）一部のメンバーを心の中で腐《くさ》したりしてしまうことが正直ある。

時間と体力が有限なものである以上、抱えている事情を鑑みながらそれぞれの選択と判断でその使い方を決めていくしかない。だから確かに結果がすべてなのかもしれないけれど、〝たられば〟を考え、欲張ったり後悔したりすることをなかなかやめられない。能力主義や結果至上主義の世界ではどれだけ時間とエネルギーを費やせるか、どれだけ結果にコミットできるかが勝負になってくるわけで、それに囚《とら》われすぎると最大限利己的かつ効率的になるのが正解ということになってしまう。

個人的に結果がすべてという価値観には賛同したくないし、趣味の活動なんだから純粋にその時間を楽しめばいいのではという話でもある。しかしそれが難しいのはなぜなのか。「本当の俺はこんなもんじゃない」という謎のプライドゆえ？　それとも「課題を見つけて克服していくことが成長なのだ」という意識を内面化しすぎてしまっているせい？　自分なりのペースやり方で楽しめるのが趣味のいいところだとは思いつつ、どうにも競争や成長といったものに囚われてしまう自分もいる。そもそも週に1回サッカーができるのは双子たちの面倒を見てくれる妻や義母のおかげであり、やらせてもらっているだけで「ありがとうございます！」という話なのだが……。

40代のアマチュア選手として、そんなことを悶々と考えながら残りのサッカー人生を悔いのないものにしていきたいと思う。

努力を重ねて結果が出たときは確かにうれしいものですが、結果につながらなかったからといってすべてを努力不足に起因させるのも違うなと思うし……自分の能力とキャパシティを見極めつつ、持続可能なバランスの中で満足感や達成感を得ていくことが、大人の趣味の楽しみ方かもしれませんね。

2021年8月

『おかあさんといっしょ』がこんなにクリエイティブな番組だったとは

4月から双子たちが保育園に通い始めた。それまでは子どものペースに合わせた生活リズムで日々を過ごしていたが、今は9時に登園させねばならないため、ご飯に着替えに準備にと、朝からてんやわんやの状態になる。双子たちは寝起きから元気いっぱいで、じっとしてくれる瞬間がほとんどないため、お茶を飲ませるだけでも、髪の毛を結ぶだけでも、一つひとつのステップに数分はかかってしまう。準備が整って玄関を出る頃には結構ヘトヘトになる。そんな毎日の中で子育ての強い味方になってくれているのがNHK・Eテレの子ども向け番組『おかあさんといっしょ』だ。

1959年から続くこの長寿番組を知らない人はいないと思う。歌と体操のお姉さん&お兄さん、そして着ぐるみのキャラクターたちというメンバー構成で、子どもの頃は誰もが少なからず見ていたはずだ。ただ、公式サイトにも「2歳から4歳児を対象とした教育エンターテインメント番組」とあるように、小学生になる頃には番組を卒業し、それからはほとんど見なくなってしまうというのが多くの人が通る道ではないだろうか。私自身もそんな感じで、子どもができるまでかなり遠い存在の番組だった。

自分が子どもの頃に見ていた記憶はゼロに等しい。「じゃじゃまる」「ぴっころ」「ぽろり」のキャラクターは印象に残っているが（世代……）、そのときの自分がどんな気持ちだったかはあまり覚えていない。また、ジェンダーの問題に関心を持つようになってからは、性別役割分担意識を固定化させる方向に作用しかねない番組名に対する批判を目にする機会も度々あり、斜に構えていた部分も正直ある。だからこうして双子たちと見ている現在がある意味で『おかあさんといっしょ』初体験という感じなのだが、「NHKで朝やってる子ども番組」というおぼろげな印象が吹き飛び、かなりクリエイティブな番組だったことを初めて知ってすっかりファンと化している。

例えば番組内で最も人気のある歌のひとつに『からだ☆ダンダン』という体操の曲が

ある。これは体操のまことお兄さん（福尾誠さん）＆あづきお姉さん（秋元杏月さん）と身体を動かしていく歌なのだが、イントロが流れるたびに子どもたちのテンションが爆上がりする。海に潜って海藻やクリオネになり、陸に上がって恐竜やマンモスになる。座って猿になったかと思えば、立ち上がって忍者やアスリートにもなる。身体を動かしながら地球や歴史をめぐり、最後は宇宙を一望するという壮大な物語になっていく。

見たことがない人には何のことかわからないかもだが、いろんなものに変身し、全身を楽しく動かし、マネしやすい振りで子どもが少しずつ覚えていけるような構成にもなっている。飽きない工夫が随所に埋め込まれており、見るたびにすごいなって思う。

定番の手遊び歌もあれば、五感を刺激するようなゲームもある。科学的な視点を学べる遊びもあれば、多様性を体感できるような歌もある。魅力を挙げればキリがないのだが、どの歌にも「直感的に楽しめる部分」と「物語を読み込める部分」が両立しており、クイズやサプライズといったエンタメ要素も満載で、見ながら言葉や動きを身につけられるようにもなっている。

さらに、食物連鎖や環境問題といった現代的なテーマが歌詞にさりげなく盛り込まれていたり、スペシャル版や映画版では歴代のお兄さんお姉さんが登場して幅広い世代で楽しめるようになっていたりと、クリエイティブの教科書といっていいほど様々な学びに満ちている。キャラクターがジェンダーレス化していたり、他の時間帯に『おとうさんといっしょ』という番組ができたりと、価値観のアップデートにも意欲的だ。こんなふうに『おかあさんといっしょ』を楽しめる日が来るなんて、思ってもみなかった。

ちなみに個人的な推しは体操のまことお兄さんだ。しなやかな身のこなしと筋肉ムキムキの上半身、さわやかなキャラクターとたびたび漏れ出るただならぬ色気……。SNSにはファンによるイラストが日々アップされるなど、まことお兄さんにメロメロになっている親世代は多い。番組から離れて久しい人たちでも、改めて見たら楽しめるポイントがたくさんあると思う。いつかみんなで『おかあさんといっしょ』の魅力について語り合う会をやってみたい。

このときの歌のお姉さん・小野あつこさんは2022年3月で卒業し、新たにながたまやさんが就任。さらに先日はまことお兄さんまで卒業となり……ロス状態になりながら月日の流れを感じています。ちなみに新しい体操のお兄さんである佐久本和夢さんは〝動ける星野源〟とも呼ばれ、早くも視聴者の心を捉えています。

2021年9月

子どもが風邪をひくと一瞬で詰む日々。その背景には政治の問題が

先日、子どもが2週間のうちに2回も体調を崩した。双子たちはいつも順番に風邪をひくので、実質的には4回ということになるかもしれない。保育園に通い始めてからコンスタントに風邪をひくようになり、1〜2日で熱が下がるときもあれば、夏に流行したRSウイルス感染症のように、1週間近く高熱が続く上、せきや鼻水までひどくなってしまうケースもある。

これは保育園に子どもを預ける上で避けては通れない道だし、こうして免疫が発達していく側面もあり、仕方ないことだと受け入れている。共働きの我々にとって保育園な

しでは日常が成り立たず、本当に神のような施設で、定期的に風邪をもらってこようがなんの恨みもない（こちらがうつす側になっている場合もあると思うし……）。

しかし、現実問題として子どもが風邪をひくと瞬時に生活が止まる。一度発熱すれば最低2日は休むことになり、もう片方に時間差でうつるとそれが4〜5日となり、そこに土日が絡めば1週間以上休むことになる。

そのときの風邪の症状によるが、子どもたちは熱があっても基本的には元気に動き回っているため、常にテーブルによじ登ったり各所のドアを開けようとしたり、あるいは双子でいきなりケンカを始めたりと、一瞬でも目を離すと惨事につながる恐れがあるため基本的にはかかりきりで面倒を見ることになる。朝7時すぎから夜は21時頃までそういう状態が続き、子どもが昼寝をしたらこちらも休憩を取る。日中はそれで手いっぱいのため、寝かしつけ後にようやく仕事や家事に取りかかれるのだが、まだ夜泣きも断続的に続いているため慢性的に睡眠不足で、コンビニやUber Eatsで仕入れたご飯を食べてそのまま寝落ちしてしまうこともしばしばだ。

今はコロナの心配があり、風邪の子どもを連れてはちょっとした外出もできず、普段は週末などに孫の面倒を見に来てくれる祖父母の力も借りづらい。我々が体調を崩せば状況はより絶望的になるため、家の中でもマスクは必須で、手洗いや消毒も普段以上にこまめにする必要があり、神経もすり減る。仕事と家事が1週間くらいストップしてしまうのはただでさえ苦しいのに、こういう非常事態が月に1～2度やってくる状況が4月以来ずっと続いており、常にギリギリだ。

これをどう考えればよいのか。確かに双子という要素は大きいかもしれないが、かと言って我が家の状況がすごく特殊だとも思えない。共働きで子育てしている家庭は多かれ少なかれ似たような状況を経験していると思うし、片働き＋専業であっても大変さは変わらないだろうし、ましてやシングルで子育てしている人は……という話だと思う。どれだけ頑張っても子どもが風邪をひけば瞬時に生活が止まってしまう。なぜ子育てがこんなにも大変なのか。そんなことを考え続けるうちに政治に対する怒りが湧いてきて、私はこのようなことをツイッターに投稿した。

子どもをかわいいと思う気持ちと子育てまじ地獄って気持ちは全然両立するし保育園は神レベルのありがたみだけど子どもが熱出たら一瞬で生活が詰むシステムになってるの綱渡りすぎるし家族主義&自己責任論で子育て政策を冷遇してきた自民党政治ほ

んと勘弁してくれという思いで一杯です

政府は子育て支援の政策をたくさん行っているし、保育園の数の拡充を進めてくれたおかげで双子が同じ園に通えているかもしれない。しかし、『子育て罰「親子に冷たい日本」を変えるには』（末冨《すえとみ》芳《かおり》・桜井啓太／光文社新書）という本には、少子化対策を謳いながら、子育てにまつわるコストやリスクを家庭に押しつけてきた自民党政治の実態がデータで示されている。〈社会のあらゆる場面で、まるで子育てすること自体に罰を与えるかのような政治、制度、社会慣行、人びとの意識〉と説明される〝子育て罰〟は、まさに当事者の実感として納得できるものだ。

「子育て罰」は政治と社会によって生み出され、厳しくなってきました。日本の政策は、児童手当などの「現金給付」、教育の無償化などの「現物給付」ともに不十分で、子どもと子育てする親の生活を、所得階層にかかわらず苦しめています。専門的に言えば、子育て世帯への所得再分配の失敗が「子育て罰」の根本にあり、その背景にある子どもと親に冷たく厳しい政治が、日本で「子育て罰」を生み出してきた最大の要

因です。（中略）
母親への過度な期待をする社会。父親の子育て参加を困難にして母親の安定就労を難しくする旧態依然たる企業行動。そして、大学卒業までの子どもの教育にかかるお金は、社会全体ではなく親が負担すべきだという「親負担ルール」。これらすべてが、子どもに冷たく厳しい日本社会を成立させてきた要因なのです。

（第一章「『子育て罰』を作った3つの政治的要因」より）

これらは政治、経済、法律、ジェンダー、地域コミュニティなど、本当に様々なものが絡まりあって生じている問題であり、どう考えても個々人の努力でどうにかできる問題ではないだろう。この本には〈①「少子化対策」の失敗原因の構造化 ②政治の「価値観不良」を正す ③男性優位の政治・行政による失敗の隠蔽をなくす ④「子どもと家族の幸せが最優先」という価値観の共有〉といった具体策が紹介されているが、そういった知見に触れながら勉強中というのが現状だ。
先のツイートには5500近くの「いいね」が集まった反面、「自民党ってあまり関係なくない？」「まずは自分たちで何とかする方法を見つけるべきだ」といった批判もあった。確かにやや荒っぽい表現だったかもしれないが、一人の市民として「子どもが風邪をひくと仕事と生活が一瞬でストップしてしまう状況をなんとかして欲しい」と願う気持ちは切実なもので、それはやっぱり戦後ほとんどの時期を与党として政権運営してきた自民党の政策と無関係ではないだろう。「子育ては家族内でなんとかして」が政権与党の基本スタンスなのであまり期待はできないけれど、いろんなことが自己責任論で片付けられてしまう社会なんて絶対におかしい。

双子用のベビーカーでバスに乗ったとき露骨に舌打ちされたり、エレベーターにまったく乗せてもらえなかったり、夜泣きがつらいとツイートしただけで「だったら産むな！」とクソリプが飛んできたり、日常生活でも子育て罰を実感するシーンにしょっちゅう遭遇します。

2022年2月

泣きわめく双子に刺激された心の生傷

また子どもが風邪をひいた。双子だとリレーしてしまい、結果的に1週間は保育園を休むことになる話は前にも書いたが、今回は珍しいことに、体調を崩したのが片方だけというパターンだった。40度前後の熱が3日も続き、食欲が減退し少しやつれてしまうなど、かなりつらそうな状態だった。嫌がる子どもをなだめて病院へ連れていったり、もうひとりに感染しないよう常に注意を払ったり、結局はヘトヘトになりながらの看病となったが、この1週間で最もしんどさを感じたのは子どもにまつわることではなかった。もちろんそれも大変だったが、それ以上に自分について考えざるを得ない瞬間が多々あり、それがとても苦しかったのだ。

双子たちは一卵性双生児だが個性はそれなりに異なり、風邪をひいてしまったほうの子は直感的で直情的なところが多分にあるが、もう片方はまわりを観察した上で行動を選択するようなところがある。これらはあくまで「傾向」くらいのものだし、特徴や力関係が入れ替わったりすることもよくあるので一時的なものかもしれないが、今回は熱でしんどいほうが親にべったり甘え、もうひとりは我慢するという、性格の差異（のように見える傾向）が顕著に表れる時間となった。

力不足で情けない限りだが、こういった状況のときは母親の取り合いになりがちだ。ひとりが妻に抱っこされ、もう片方は私が抱っこする。最初はその役割分担でなんとかやっていたが、体調不良の期間の終盤に双方の感情が爆発してしまった。私が担当していたほうに我慢の限界が訪れ抱っこをチェンジするも、今度は具合の悪いほうがヤキモチや見捨てられ不安のような感情にかられて大泣きし、「あっちがいい」「替わりたくない」のせめぎ合いが続き、それぞれを抱っこしたまま大音量の叫び声の中で茫然《ぼうぜん》と立ち尽くすしかなかった。

双子たちはまだ感情を詳細に説明する言葉を持っていないので、我慢や嫉妬、見捨てられ不安というのはあくまで私の主観でしかない。もちろん普段からの観察がベースにあり、妻と「ああかもね」「こうかもね」と推測を重ねながら考えたことではあるのだが、今回強く感じたのは、そういう視線の中には私自身の感情が多分に投影されており、双子の気持ちを過去の自分に重ねながら想像しているのかもしれない……ということだ。
私は最近、自分にはいわゆる「アダルト・チルドレン（AC）」的な傾向があるのではないかと考えるようになった。ACとは元々アルコール依存症の治療現場から生まれた言葉で、『アダルト・チルドレン　自己責任の罠を抜けだし、私の人生を取り戻す』（学芸みらい社）などの著書がある臨床心理士の信田さよ子さんによれば、それは〈現在の自分の生きづらさが、親との関係に起因すると認めた人〉と定義される。医師から与えられる診断名ではなく、あくまで「自己認知」である点もポイントだ。

これはどういうことかというと、今の自分の生きづらいという感覚が、自分を育てた親との関係に「起因」する、ということです。ただしこれを「原因」というふうに思わないでください。原因とすると結果があるわけで、結果を取り除くためには原因を直さなくてはならなくなりますから。単純な因果関係におとしこまないためにも、あくまでも起因と考えてください。

ＡＣは親との関係を見直すという意味でみんなの問題です。親があって自分があるわけですが、恩を受けている、血を受け継いでいるというようなことではなく、ある意味で親との関係で今の自分がつくられており、そのことを考えてみようということです。

（第二章「アダルト・チルドレンを再定義する」より）

個人的な実感で言えば、私自身が何か特別な困難や生きづらさを抱えているとは正直思えない。環境にも健康にも人間関係にも恵まれ、悩みや失敗は多々あれど、基本的には幸福な人生を歩んでこられたように思う。両親ともに健在で、頻繁に孫の面倒を見てもらうなど関係も良好だ。

しかし、それでもやっぱり親（特に母親）との関係で受けた影響は大きく、それが様々な苦しみや自己否定感につながっているように思えてならない。例えば私には、何ごとも自責的に考えてしまったり、ネガティブな感情を飲み込んでしまったりするところがあり、それが昔から悩みの種になっている。また、近くに不機嫌な人がいると「俺が悪いのかな」という発想になり、強いストレスを感じて気が気でなくなってしまうし、何か不満や疑問を感じたとしても、自分が折れれば丸く収まると考えてしまい、ケンカや言い争いをほとんどしたことがない。そういった自分の源流をたどると、どうしても母親との関係に行き当たるのだ。

私の母はなかなかに過干渉なタイプで、小学生の頃から「いい学校に入っていい成績を取っていい友達と付き合え」というプレッシャーを強くかけ続けられた感覚がある。幼い私にやたらとラルフローレンの服を着せようとし、地元のスパルタ進学塾に入れられ、よくわからないまま中学受験をさせられた。勉強しないと怒られ、ファミコンのコンセントを引き抜かれたり、部屋にあったマンガ本をビリビリに破られたりした。テストで悪い点を取り、遊びにきている友達の前で殴られたこともあった。

また気分の上下動が激しく、なんの前触れもなくキレ始めることがよくあり、いつ怒られるかわからない状態に絶えずびくびくしていたし、こちらの言い分を聞き入れてもらえた経験も身に覚えがなく、「どうせ話をしてもムダ」という諦めの感覚が内面化されていった。さらにはそれらが反転し、感情をむき出しにしている人や、ダダをこねて自分の要求を通そうとする人を見ると、沸点の低い苛立ちを覚えてしまうようなところもある。最近まではっきりと結びついていなかったが、そんな私の性格や性質は母親との関係の中で培われた部分が大きいのではないかと考えるようになった。

見捨てられる不安も、感情を抑圧してしまうところも、自分の中に色濃く存在しているもので、不安にかられたり我慢したりしている（ように見える）双子の様子に心の中の生傷が刺激され、それが彼女たちに対する視線に投影されていたのではないか……。そうなっている瞬間の自分は過度にセンシティブで、〝今現在〟の痛みとして苦しんでいるような実感がある。体調を崩している子どもに対する心配や、寝不足による体力面のつらさ、また仕事や家事が滞りまくるストレスなど、もちろん複合的な要因によるものではあったと思うが、とりわけしんどかったのが心の生傷を刺激されたことによるダメージだった。

育児は自分自身と向き合う経験だとよく言う。確かにそうだなと感じる瞬間は多い。自己理解が深まっておもしろいという側面ももちろんあるが、今回のようにひたすら苦しい時間になってしまうこともある。双子たちはすっかり元気になり、すでに保育園にも復帰している。溜まりに溜まった仕事や家事を必死に巻き返し、ようやく少しだけ余裕が出てきた。まだ2歳児なので細かな部分まで言葉でコミュニケーションできるわけではないが、彼女たちの話には時間が許す限りじっくり耳を傾けたいと思うし、その行為は自分自身にとっても不思議とセルフケアになっていることを感じる。そうか、俺はこうやって話を聞いてもらいたかったのかもな……。こうしてそのつど感じたことを言葉にし、いまだに泣いているかもしれない幼い日の自分を抱きしめてあげるのも育児の一環なのかもしれない。

そんな母親も孫の前ではすっかり優しい〝ばーば〟と化していて、双子たちが何をしても「すごいね」「大したもんだね」と褒める母を見るたび、あれは一体なんだったんだ……という気分に、ちょっとなります。

2022年8月

子育てしながら働くことに限界を感じ、泣く泣く決めた〝半育休〟

新型コロナウイルスが蔓延して以来、かからないよう細心の注意を払ってきたつもりだが、先日とうとう感染してしまった。7月後半のある日、なんか喉に違和感あるな、そういえばここ数日ちょっと鼻水が出てたかも、ん、なんか寒気もしてきたぞ……という感じであれよあれよと体調が悪化し、気づけば39度台の熱が出ていた。そのときは「夏バテかな？」くらいの認識で、取り急ぎカロナールを飲み、締め切りの過ぎた原稿を必死に終わらせて眠りについた。

しかし翌朝、妻が青ざめた顔で「コロナになったかも……」と症状を訴え、家にあった抗原検査キットで調べたら陽性だった。私も同じ検査をしたら陰性だったが、症状からして怪しすぎたので、保育園に連絡し、子どもたちの面倒を見ながらすぐにPCR検査を受ける手立てを探した。自治体の窓口は何度かけてもまったく電話がつながらず、途方に暮れかけたが、かかりつけの耳鼻科が時間限定でやっている発熱外来の予約がなんとか取れ、その日の夕方に妻と順番でPCR検査を受け、翌日そろって陽性という結果が出た（親が発熱している場合は子どもを病院に連れていくことができず、双子たちは検査を受けることができなかった）。

医師から電話で説明を受けたときは朦朧《もうろう》としていて細かなところまでちゃんと理解できなかったが、要するに「10日間は自宅で療養してね」「子どもたちは〝みなし陽性〟となるので親の回復まで保育園は休んでね」「あとは区の保健所から指示があるから従ってね」とのことだった。コロナ陽性の夫婦で双子を10日間も自宅保育することを思うと絶望的な気分になったが、発熱で痛む関節に保冷剤を当て、買い溜めた龍角散を舐め続けて喉の痛みをやわらげ、まずは仕事先や友人知人に連絡し、向こう半月の予定をすべて再調整した。

そこからは、ただただ耐え忍ぶ日々が続いた。医師は「自治体から毎日フォローアップの連絡があると思います」と言っていたが、実際に来たのは「体調や症状を詳しく記入せよ」という内容のメール1本で、あとは本当に何もなかった。家から出るなと言われても食料などの調達は欠かせないし、ずっと家にいるため双子たちが見るからにストレスを溜め、次第にケンカの頻度が増していった。Uber EatsやAmazonなどの宅配サービスを利用しながらやりくりしたが、生活のリズムが崩れたためか双子の夜泣きも激しさを増し、その対応で常に寝不足で、夫婦で交互に休憩を取りながらひたすら時間が過ぎるのを待った。とてもとても苦しい10日間だった。

そんな中で考え直さざるを得なかったのが、仕事と育児を中心とする今後の人生のことだ。私はフリーランスの文筆業で、妻も自営業のため、二人とも主に在宅で仕事をしている。子どもたちの保育園は9時から18時半までで、健康であれば週5日間通う。毎日のように夜泣きへの対応があって、午前中は回復のために寝ないと身体がもたず、大体13時から18時までの5時間、週で言えば25時間程度が仕事に充てられる時間となる。双方の両親のサポートが得られる恵まれた環境にあり、その手助けも借りながらこれまでなんとかやってきたが、今回の感染で完全に限界を感じた。この生活を続けていくのはもう無理だと思った。

文章を書いて生きていくことは学生時代からの目標だった。メディアに署名原稿が載る喜び、〝連載〟という響きに対する強烈な憧れ。初めて著書が出せると決まったときは本当に夢のような心地だった。だからこうして文筆業として生計を立てられていることは誇らしい。とても誇らしいのだけど……常にキャパオーバーの状態でやっているため原稿が提出期限に間に合ったことはほとんどないし、次々やってくる締め切りに食らいつくだけで精一杯で、取材もインプットも追いつかず、もはや出がらし状態になっている気がしなくもない。子どもたちが風邪をひけば最低でも1週間は仕事が止まってしまうため、そのたび仕事相手に迷惑をかけてしまうのも非常につらい。

繁忙期は休日も原稿を書き、トークイベントに出たりもする。その間、双子の面倒は誰が見てくれているのか。仕事相手はみな優しく、スケジュール変更にも柔軟に対応してくれるが、その結果どこかで誰かにしわ寄せが行ってしまっている可能性がとても高い。

散らかる机、適当な食事、毎日のエナジードリンク、溜まっていく洗濯物、風呂やトイレのカビ汚れ……子どもたちと過ごしているときも原稿や予定調整のことで頭の中がぐちゃぐちゃで、スマホばかり見てしまったり、ケアが疎かになってしまったりする。

つい先日も、子どもを乗せた自転車から目を離し、転倒してしまうということがあった。たまたま無傷で済んだが、このままでは大きな事故が起こりかねないと思った。

そして私は、抱えているレギュラー仕事の多くから泣く泣く降ろさせてもらうことを決めた。定期的にやってくる締め切りに対応するのが特に難しいと判断したからだ。失う仕事を合計したら年収の約3分の1相当という計算になった。自分では〝半育休〟のようなつもりでいるが、当然ながらフリーランスに育休手当はない。月々の保育費はかなりの額になるし、2023年には個人事業主にとって大きな負担増となるインボイス制度の導入も控えている中、「子育てはすべて自己責任で」という態度の政権与党には憤りしかないが、これればかりはどうにもならない。

この先どうなるのか、正直言って不安しかない。幸い当面は取り組むべき仕事に恵まれているが、数年後の状況はまったく読めない。子育てしながら働くことがなぜこんなにもハードなのか、社会的サポートの脆弱さにつくづく怒りを覚えるが、家族や仕事相手に負担をかけてしまっている現状を思うと自責の念が止まらない。

みんなで支え合う社会を目指すためにも必要以上に罪悪感を抱くのはよくないが、その感情をコントロールすることも難しい。ひたすら愚痴る感じになってしまって恐縮だが……私の体験が少しでも自己責任社会を見つめ直す何かになればいいなと切に願う。

半育休状態は今なお続いており、この頃よりも生活のハードさは薄れているものの、新規の原稿依頼がないとそれはそれで不安で、心身のバランスを崩しやすい仕事だなと痛感しています（涙）。

第3章

#stayhomeと令和のエンタメ

2022 → 2020

2022年6月

自己矛盾に引き裂かれながら「ルッキズム」と向き合う

ここ数年、世間では「ルッキズム」という言葉がかなり浸透してきたように思う。「外見至上主義」とも訳されるこの言葉は、主として人を見た目でジャッジする風潮を批判的に捉える文脈で使用される。外見に基づく差別や偏見はあってはならず、容姿に上も下もなく、個人個人の特性があり、それぞれの多様な美が存在しているのだ——というふうに、この言葉の浸透によって外見重視の価値観が見直されるようになったのはとてもポジティブなことだと思う。例えばバラエティー番組における容姿イジりや自虐ネタ、様々な大学で開催されていたミスコンなど、それまで空気のように存在していたものが

〝時代遅れ〟と見なされるようにもなった。

こういった流れにより、無用な外見コンプレックスを植え付けられる機会が減り、息がしやすくなった人が大勢いる一方で、そこから取りこぼされてしまう人や、新たな悩みを抱えてしまう人もいるかもしれない。そんな視点も盛り込みながらルッキズムの問題を扱っているのが、漫画家・とあるアラ子さんの『ブスなんて言わないで』（講談社）だ。

ルッキズムは、私たちがぶっ潰す——！

「ブス」と言われ、学生時代にいじめられていた知子。大人になった彼女は、自分をいじめていた〝美人〟の同級生・梨花が美容研究家として成功していることを知り、怒りに震える。知子は、梨花への復讐を決意するが——。

コミックス1巻の裏表紙には物語のあらすじがこのように説明されている。しかし、すぐ横に〈反ルッキズム×シスターフッドの物語！〉というコピーが踊っているように、単なる復讐劇には進んでいかない。知子と梨花だけでなく、摂食障害に苦しんだ過去を持つプラスサイズモデルや、かつての武器だった自虐ネタと容姿イジりを封じられて行き場をなくした女性芸人、身長が低いことを周囲からバカにされ続けてきた男性カメラマン、時代の変化にモヤモヤした思いを抱えている女性編集者など、様々な悩みや葛藤を抱える人たちの背景が丁寧に描かれ、ルッキズムをめぐる問題の複雑さを痛感させられる。

あ…あなたはあらゆるメディアで／じ…自分の容姿に自信を持とうと呼びかけている／でもどうしてブスが…差別されている側の人間が／変わらなくちゃいけないんだよ！／本当に容姿差別があると思ってるなら／社会を…社会のほうを変えろよ‼

物語の冒頭で知子は梨花にこう叫ぶ。問題の複雑さが凝縮されたような、ものすごくクリティカルな言葉だなって思う。容姿にまつわるコンプレックスには、当人にしかわからない長い個人史が存在している。例えば桃山商事で見聞きしてきた話の中にも、露骨な外見差別を受けた経験を語ってくれた人もいれば、周囲からの扱われ方の差によって見た目の〝ランク付け〟を感じたという人もいた。そういう歴史の堆積を思うと、「ルッキズムはよくないよね」という言葉が空疎に響く瞬間もあるだろうなと感じるし、自分の胸にも強く突き刺さってくる感覚があった。

ここで言う「社会」の中には私自身も含まれているはずだ。高校のクラスメイトが持ってきた卒業アルバムを見ながら女子の容姿に点数をつけていた自分。大学の文化祭でミスコンを企画したことのある自分。「お前はホント女子の外見にしか興味がないやつだよな」と友達に叱られたことのある自分。小学校のときに女子から「清田って目が離れてるよね」と言われ、ずっとそのことを気にしていた自分。背が低いことをからかわれ、「ミゼット清田」と呼ばれていた自分。ライターとして「美しすぎるスポーツ選手ベスト5」みたいな雑誌記事を何度も書いたことのある自分。ぽっちゃり体型の女性をからかうような雑誌企画を担当したことのある自分。男友達のファッションセンスをイジって笑いものにしていた自分。恋人から外見をバカにされて苦しんでいる女性の悩みを聞いて心を痛めた自分。ルッキズムが人権を侵害する問題であることを知って愕然《がくぜん》とした自分。今なお容姿イジりを続けているお笑い芸人に眉をひそめている自分。内心で自分の子どもにはかわいく育って欲しいなと思ってしまっている自分。自分の容姿を結構気に入っている自分。自分の容姿が全然好きになれない自分——。

ルッキズムの問題を考えるとき、私は様々な自分に引き裂かれるような感覚がある。

外見差別はよくないと思うし、「美しいものに惹かれてしまうのは本能だから仕方ない」みたいなロジックには取り込まれたくないとも思う。でも、自分の中には外見の好みや苦手な容姿みたいなものも間違いなく存在している。それらはパッと見て瞬時に感じてしまうような類のもので、そこにどんな理由が存在し、どんなメカニズムが働いているのかはなかなか把握しづらい。矛盾だらけで整合性がとれず、「外見差別はよくない」とか言ってる自分にしらじらしさを感じてしまう部分もある。

でも、ルッキズムとはそれらを引き受けながら考え続けていくべき問題なのかもしれない。さんざん外見差別に悩まされてきた知子でさえ、〈私としたことがまた人を見た目で判断してる!〉〈最低!最低!〉と、絶えず自分自身をモニタリングしながらルッキズムの問題と向き合っている。好みや苦手意識といった〃内心〃の話と、容姿を理由に冷遇されたり不利益を被《こうむ》ったりという現実的な差別の問題は、もちろん異なる次元の話だろう。ただ、それらは確実に根っこでつながっている問題であり、明確に区別できるわけでもない。

今はYouTubeやSNSを開けば大量の美容情報が手に入る時代だし、整形手術やボディメイクといったものも昔に比べればかなりカジュアルなものとなった。容姿を変えるための知識や技術にアクセスしやすくなり、それによってコンプレックスを解消した人も少なからずいる。例えばTikTokやInstagramには、ダイエットや美容整形、骨延長手術（人工的に骨折させ、回復途中の柔らかい骨を少しずつ引っ張って脚を伸ばす手術）など、様々な方法で外見を変え、つらい経験や痛みを伴うプロセスなども込みでポジティブな物語として発信している人気アカウントが無数に存在する。様々な方法論が存在するのだから、それを利用して自分を変えていこうというのが現代的な姿勢なのかもしれない。

しかし、「コンプレックスは努力で乗り越えられる」系の物語が支配的になっていけばいくほど、それが反転して「容姿で悩んでいるのは努力不足が原因」という自己責任論につながっていくおそれもある。ルッキズムという言葉が普及したことによって外見差別を〝社会の問題〟として考えられるようになった一方で、自己責任論のように〝個人の問題〟に押し込めようとする力学も依然として強く働いており、ひと筋縄ではいかない問題だと感じる。

では、どうすればいいか。スッキリした答えは出せそうにないが、知子のように、矛盾を抱え、ときに間違えてしまうこともある自分をつぶさに観察しながら、それでもやっぱり外見で差別されることはあってはならない、社会の空気や制度の中に染み込む外見重視の価値観は是正されるべきだと声を上げていく姿勢が大事ではないかと私は思う。変化の波はすでに様々なところで起きているのだ。

ルッキズムの問題に関心がある人はぜひ4人組のガールズバンド・CHAI《チャイ》の楽曲を聴いて欲しい！「NEOかわいい」という言葉で表現される、生きとし生けるものはみんなかわいいのだという圧倒的な肯定感が本当にかっこよくて、初めてライブで観たときは多幸感で昇天しそうになるくらい感動しました。

2022年5月

ぼる塾の4人目、酒寄さんの言葉が記憶のスイッチを刺激する

ぼる塾の酒寄《さかより》希望《のぞみ》さんは前々から気になる存在だった。3人組のお笑いユニットとしてテレビで見ない日はないぐらい大活躍中のぼる塾が実は4人組で、元々は「しんぼる」「猫塾」というふたつのコンビが合体してできたこと、育休中のメンバーがいること、それが酒寄さんで「ぼる塾のブレイン」とも呼ばれていることなどは、すでに広く知られている話だと思う。酒寄さんの育休はまだ継続中（2022年11月から復帰）だが、カルテットとしての活動も少しずつ始まっていて、2021年の12月には自身のnoteへの投稿をまとめた『酒寄さんのぼる塾日記』（ヨシモトブックス）という本も

出版された。先日も「育休中に相方がめちゃくちゃ売れた」と題したｎｏｔｅの記事が話題となるなど、彼女の存在がクローズアップされる機会は着実に増している。

なぜ、酒寄さんのことが気になるのか。それは思うに、「仲間との距離感や関係性の変化」とも言うべき問題にとても関心があるからだ。彼女のことはｎｏｔｅやインタビュー、ときおり登場するぼる塾のYouTubeなどで見聞きした範囲しか知らない。それは酒寄さんのほんのごく一部のはずで、だからほとんどが私の個人的な想像に過ぎないと思うのだが、それでもぽつぽつと語られる彼女の心情に心が強く反応してしまう。

例えば、こんな日記。

某月某日
テレビに映る三人を見た。嬉しかった。

某月某日
テレビに映る三人を見た。私が田辺さんの足を引っ張っていたのかと思った。

某月某日
もういっそ私なんて捨ててくれと思った。

某月某日
ぼる塾を辞めたいと田辺さんに伝えた。田辺さんが「酒寄さんがいないとぼる塾じゃない。酒寄さんがいないと私は田辺じゃなくなる」と言った。

（「育休中に相方がめちゃくちゃ売れた」２０２２年4月26日より）

私は長い付き合いの友人たちと一緒に桃山商事の活動を行っている。現在はフリーランスの文筆業だが、独立する前は大学時代のサークル仲間と立ち上げた出版系の制作会社で働いていた。大学生のときから結婚する直前までずっと友達とルームシェアをしていたし、趣味でやっている草サッカーも今のチームに所属して約20年になる。自分でこんなことを言うのも恥ずかしいが、「友達や仲間と一緒に何かをする」のがとても好きなのだと思う。

でも、当たり前だがそれは決して楽しいことばかりではない。やり方やスタンスのすれ違いが原因で仲違いしたこともあるし、互いのいろんなところが気に障るようになってギスギスしたこともある。我慢を重ねることで徐々に絶望していったこともあるし、恋愛絡みで亀裂が入ってしまったこともある。家事やお金の問題をめぐってタフな話し合いをしたこともあるし、「もっと活動に時間と労力を捧げてくれ」と言わんばかりに過度な期待やプレッシャーをかけてしまったこともある。自分よりも評価されている仲間に嫉妬したこともあるし、逆に自分のほうがうまくいき、仲間に劣等感を味わわせまいと変な気遣いをして逆効果になってしまったこともある。

私には元から自分と他人の境界線があいまいになりがちな部分があり、それが「友達や仲間と一緒に何かをする」ことに惹かれる一因になっているような気がしてならない。その性質がいいほうに出れば一体感や連帯感といったものにつながるが、悪いほうに出ると過干渉や執着のようなものとなって相手に向かってしまう。距離感を見失って関係をこじらせ、それまで築いてきた友情や信頼を台なしにしてしまったことは一度や二度ではない。それで疎遠になってしまった友達もたくさんいる。酒寄さんがぼる塾のメンバーにそういったことをしているわけでは決してないが、悩みながら仲間との距離感や自分のポジションを模索していく彼女の言葉に触れると、様々な記憶のスイッチが刺激される。

先に紹介した「育休中に相方がめちゃくちゃ売れた」を読み進めると、〈テレビに映る三人を見た。もう大丈夫〉という言葉が出てくる。その先には〈たまに全部が怖くなる〉ともあり、これは決して結論というわけではないだろうが、距離感や関係性の変化を経験しながら4人はぼる塾というユニットのあり方を探求し続けているのではないかと想像する。

私はサークル仲間とやっていた会社を抜け、ずっと続くんじゃないかと思っていたルームシェア暮らしも結局は終わりを迎えた。今やっている桃山商事にしたって、メンバー全員で同居しながら活動していた時期に比べたらずいぶんと落ち着いたものになった。でも、だからといって「やっぱり友達と仕事するなんてやめといたほうがよかった」とは思わないし、「いくら仲良しだからといって距離が近すぎるのはよくない」という教訓にも諸手を挙げて賛成はできない。たとえ一緒にやってる活動が終わりを迎えたとしても関係はその後も続くし、一時期は疎遠になってしまったとしても関係性を再構築することは可能だ。

酒寄さんは以前、〈「自分は必要ない」ぼる塾〝4人目のメンバー〟酒寄希望、育休中

〝3人での大ブレイク〟に葛藤　女性として、芸人としての決断〉と題したウェブメディアのインタビュー記事でこのようなことを語っていた。

この間4人で話したんですけど、復帰したらその後は全部4人でって考えなくてもいいんじゃないかなと。この仕事は3人の方が向いているっていう時もあるし、3人だったり、4人だったり状況に応じて変わってもいいと思っています。田辺さんとはるちゃんの〝同居コンビ〟や、私とあんりちゃんの〝ネタ作りコンビ〟、あとはもともとの〝しんぼる〟と〝猫塾〟コンビと、いろいろなパターンができるし、あらゆる可能性があると感じています。

（『ORICON NEWS』２０２１年11月8日より）

とてもグッとくる話だった。人との距離感は常に変化するし、関係性が変わらないことなんてあり得ない。望まない形で終わってしまうことすら多々ある。それは確かにさみしくて切ないことではあるが、一方で変化や別れは人生に豊かさをもたらす大事な要素ではないか、とも思う。特に子育てとコロナが始まって以降は友達との交流機会が激減してしまい、しょっちゅう会っていた友達のことや、もう会うことはないかもしれない友達のことを考える時間が多かった。そんな時期だからこそ余計に酒寄さんの言葉が心にしみたのではないかと感じたゴールデンウィークの夕暮れ。

続編として出版された『酒寄さんのぼる塾生活』（ヨシモトブックス）も話題です。ぼる塾を「理想的な職場」と称している感想もあり、ユニット活動している身として憧れの存在です。

2022年4月

朝ドラ『カムカムエヴリバディ』の弱くて優しい男たち

2021年11月から放送しているNHK連続テレビ小説『カムカムエヴリバディ』がまもなく最終回を迎える。毎日楽しみにしていたドラマなだけにさみしい……とてもさみしくてすでに〝ロス〟状態になりかけている。安子（上白石萌音）、るい（深津絵里）、ひなた（川栄李奈）という3人のヒロインがバトンをつなぐ本作は、3世代の親子が生きた100年間を描くファミリーヒストリーだ。安子が誕生した1925年に物語がスタートし、2025年の世界でドラマは幕を閉じる。

この原稿を書いているのはラストまで残すところあと2話という段階で、最終的にどうなるのかはまだわからない。しかし、これまでドラマを盛り上げてきた登場人物が再集合するなど、にわかに大団円の様相を呈してきているし、最大の伏線であった「安子とるいは雪解けするのか」という部分にもついに新たな局面が訪れた。ああ、本当にもうすぐ終わってしまうんだな……ということをひしひしと感じさせる展開で、過ぎゆく1秒1秒に胸を詰まらせながらドラマに見入っている。

本作では過去の「朝ドラ」が時代時代を表す記号として登場するのが印象的だ。それにならって言えば、私の家では父がずっと朝ドラを見ていたが、個人的には19歳のときに放送していた『あすか』（1999年）が初めてちゃんと見た朝ドラだった。以来、2000年代はほとんど欠かさず見ていて、30代になって仕事が忙しくなってきてからはやや飛び飛びになってしまったものの、『あまちゃん』（2013年）や『あさが来た』（2015年）、『半分、青い。』（2018年）や『なつぞら』（2019年）など数々の朝ドラに夢中になり、それらが終わるたびにロス状態に陥ってきた。

朝ドラでは女性の自立や人生の模索、家族や世間との格闘や自分探しが大きなテーマとなっており、そこで中心的に描かれるのはヒロインを始めとする女性たちの人生だ。主人公の人生を幼少期から描き、学生時代を経て社会人となり、家業を継いだり都会に出たりしながら様々な人と出会い、子を持ったりつらい別れを経験したりしながら歳を重ねていく……というのがある種の王道パターンとなっていて、今回の『カムカムエヴリバディ』もまさにそのような展開を見せている。いろいろ最高すぎて何について書けばいいのか段々わからなくなってきたが、ここではドラマに登場する男性キャラクターに焦点を当ててみたいと思う。

本作では安子の夫となる雉真稔《きじまみのる》（松村北斗）や安子の兄・橘算太（濱田岳）、るいの夫となる大月錠一郎（オダギリジョー）やトランペット奏者のトミー（早乙女太一）、ひなたの恋人だった五十嵐文四郎（本郷奏多）や「モモケン」こと桃山剣之介（尾上菊之助）など様々な男性たちが物語を彩っているが、それぞれユニークな特徴はあれど、みんな基本的に優しいし、相手の話をよく聞くし、威圧的な態度など決して取らない。

また、トランペットを吹けなくなった若き日の錠一郎が弱さを開示できなかったり、仕事に行き詰まった文四郎が「仕事で成功しないと結婚できない」と思い込んでいたり、父との軋轢《あつれき》を抱え込んでいたモモケンがその感情をなかなか言葉にできなかったり……。それぞれいわゆる「男らしさの呪縛」に囚われている部分も大いにあるのだが、音楽からいったん離れたり、俳優の仕事に見切りをつけたり、父が成した偉業に挑戦したりと、葛藤を重ねながら各々のやり方で折り合いをつけていく様子が描かれているのも特徴的だ。

こういった人物造形には間違いなく近年のジェンダー観の変化が関係しているように思う。2017年に「テレビドラマの今」をテーマにしたトークイベントに登壇した際、ご一緒したテレビドラマ研究家の岡室美奈子さんが「ドラマにおいて男子キャラの存在感が希薄化している」という話をしていた。イベントでは『逃げるは恥だが役に立つ』（2016年／TBS系）や『ゆとりですがなにか』（2016年／日本テレビ系）、『ひよっこ』（2017年／NHK総合）や『カルテット』（2017年／TBS系）といったドラマ作品に登場した男性たちの言動をジェンダー的な視点で考察し、最終的に「相手の話に耳を傾ける男性像」や「相手の言葉に影響を受け、自分を変化させることができる男性像」こそが今後のトレンドになっていくのではないかという結論になったが、あれから5年以上が経ち、『カムカムエヴリバディ』もまさにその延長線上にある作品だと感じる。優しくてフェアで、様々な葛藤を抱えながらも、他者とも自分の内面とも真摯に向き合おうとするキャラクターこそ、我々が目指すべき男性像なのかもしれない。

そんな男性たちが脇を固める『カムカムエヴリバディ』もまもなく最終回……。安子とるいはどうなるのか。ひなたはどんな決断を下すのか。さみしさをこらえながら物語の結末を見届けたいと思う。

ネタバレになっちゃうので結末は書きません（笑）。ちなみに我が家では双子たちが寝静まったあとにオンデマンドで追っかけ視聴するスタイルなのですが、古いマンションで壁が薄く、隣の家から毎朝ドラマの最新回が聞こえてきてしまうのが悩みどころです。

2022年3月

男らしさの呪縛、セルフケアとしての美容

子どもの頃からかわいいものに目がなく、大好きなセレクトショップや雑貨屋さんへ行くと、トキメキと興奮で全身の毛穴が開くような喜びを感じる。これが「生きる活力というやつか！」って実感する。真っ赤なスウェットに、ビビッドな蛍光イエローのスニーカー。花の写真をコラージュしたデザインのトートバッグに、微妙に色の異なる複数の糸で織られたダークブラウンのパンツ。ああ、かわいい……。一生こういうものに囲まれて暮らしたいなって、心の底から思う。

その一方で「自分自身はどうなんだろう？」と感じる瞬間も少なくない。私は現在40

代で、すでに立派な中年男性だ。字面《じづら》もイメージもまったくかわいいと思えない「中年男性」であるという事実に正直たじろぐ。どんどん増えていく白髪、シャープさを失っていくボディライン、すぐにテカってハリを失っていく肌……。

かわいい服や雑貨に似つかわしい自分でいたいという思いがあり、昔から自分なりにスキンケアをしてきた。オーガニックの石けんで丁寧に洗顔をし、美容に詳しい知り合いがオススメしてくれた化粧水や乳液でこまめに保湿し、外出するときは日焼け止めも忘れない。それでもなお、鏡の前の自分を直視したくない瞬間は増えている。ああ、このままではあんなに忌み嫌っていた〝おっさん〟に一直線……怖い、怖すぎる！

そんな最近、糸井のぞさんの『僕はメイクしてみることにした』（講談社）というマンガに出会った。セルフケアをテーマにエッセーを執筆している鎌塚亮さんが原案を担当している本作は、〈38歳、独身。平凡なサラリーマン〉がメンズ美容に目覚めていくという物語で、ＳＮＳを中心に話題となっている。

主人公の前田一朗はある日、鏡に映った己の姿に驚く。毎日の仕事に追われ、家に帰れば脂っこい食事と晩酌のビール。お風呂に入らずそのままソファで寝てしまうことも多く、顔色は悪く肌も荒れ、気がつくとお腹もぷよんとたるんでいる。そんなとき、たまた立ち寄ったドラッグストアでスキンケアをしてみようと思い立ち、偶然出会った〝師匠〟タマの導きもあってそこからどんどん美容の世界にのめり込んでいく。

詳しいストーリーはぜひ本作で追ってもらえたらと思うが、最初は化粧水の種類も自分の肌質も知らなかった一朗が、スキンケアのみならずメンズメイクにまで挑戦し、文字通り生活と肌にハリと潤いを取り戻していく様は非常に爽快だ。また本作には実用的な入門書としての側面もあり、美容ビギナーの男性でも手に取りやすい商品がカタログ的に紹介されている。肌の変化を体感し、気になる部分をメイクでカバー。外出することや人と会うことにも積極的になり、自分自身に対する肯定感を高めていく一朗を見ていると、こちらまでいろいろ試したい気持ちになってくる。

男性は一般的にセルフケアが苦手と言われる。ここにはいわゆる「男らしさの呪縛」のようなジェンダー規範が間違いなく関係していて、自分自身をいたわるという発想を持てなかったり、スキンケアやメイクに興味を持っても「変かな」「キモいかな」「男らしくないかな」と自分でブレーキをかけてしまったりもする。ましてや男同士でそういった話をするのはかなりのハードルだろう（もちろんここには世代差があって、若い世代になるほどそういった呪縛は薄れているように感じる）。

でも、本作でもジェンダー規範からの解放が重要なテーマとして浮かび上がってくるように、現代を生きる男性にとってもセルフケアは見逃せない問題ではないかと私は思う。自分のことを好きというと、しばしば「ナルシスト」などと言われて嘲笑の対象にされてしまうが、それは本当にバカにされるようなことなのだろうか？

私も以前、百貨店のコスメ売り場で美容部員さんからいろいろ教わり、メイク道具を一式買い揃えたことがある。縁あって「美容と男性性」をテーマに化粧品メーカーの社員さんたちと語り合う機会をいただき、その準備も兼ねて訪ねたのだ。コロナ禍ということもあってメイクを施してもらうことはできず、教わりながらすべて自分でやってみる形式だったのでとても緊張する経験だったが、下地とファンデーションを塗り、パウダーで仕上げ、リップにほんのり赤みを足してみると、顔全体の血色がいい感じになり、心なしかキュートな服ともマッチする自分になれたような気がした。

最初はその状態で人前に出るのを恥ずかしくも感じたが、そんな自分を見て欲しいと思う気持ちも同時に起こる。こうしたメイクは余裕がないと続かず、普段は簡単なスキンケアだけになってしまうし、習慣として定着させるのはなかなかのハードルだが、ウキウキした心地になったり、「こうなりたい」という自己像が見えてきたり、身体の変化は心にもダイレクトな影響をもたらすものだと強く感じる。美容ライター・長田杏奈さんの言葉を借りれば「美容は自尊心の筋トレ」だ。「ありたい自分」とはどういうものので、そのために必要なことは何か。そんなことを考えながら自分で自分を大事にするための技術を学んでいきたいと思う。

子どもの頃から〝男っぽい〟感じのものが苦手で、色もデザインも幅広いレディースの服に憧れを抱いていました。大人になってからはユニセックスで展開しているかわいいブランドをたくさん知り、毎シーズンうっとりしています。ちょうど先日、大好きだったセレクトショップが閉店してしまって悲しみのどん底ですが……次はネイルに挑戦してみたいと思ってます。爪を真っ黄色に塗っておしゃれな街を歩きたい！

2021年11月

阿佐ヶ谷姉妹に感じた〝男性的〟ではない笑いの感覚

先日スタートした連続ドラマ『阿佐ヶ谷姉妹ののほほんふたり暮らし』（NHK総合）が初回から最高だった。これは2018年に幻冬舎から出版されたお笑いコンビ阿佐ヶ谷姉妹の同名エッセーが原作になっており、現役お笑いコンビの日常生活がドラマ化されるという物珍しさもあって始まる前から注目度が高く、また阿佐ヶ谷の街には私自身とても縁が深く、放送開始を待ち望んでいたドラマだった。

第1話では、姉の渡辺江里子さん（木村多江）と妹の木村美穂さん（安藤玉恵）が、6畳1間のアパートで〝疑似姉妹〟として同居を始めるに至ったきっかけの部分が描かれていた。演技派俳優の二人による阿佐ヶ谷姉妹の再現度が異様に高く、思わず笑ってしまったり、姉妹の掛け合いがいちいち可笑しくてニヤニヤしてしまったりと、ひたすら幸福度の高いドラマだったし、放送後にツイッターでトレンド入りするなど視聴者からの反響も大きかった。

阿佐ヶ谷姉妹については、バラエティー番組で見かけたり、原作のエッセー本を読んだり、出演しているラジオをときおり聴いたりというくらいで、熱心に追いかけていたわけでは正直ない。だから彼女たちの歴史や変遷、笑いの構造などを語るだけの十分な知識を持ち合わせてはいないのだが、それでもやはり、「ほうじ茶がおいしい」とか「豆苗を育てている」とか、「ミホさんがセミダブルの布団に替えた」とか「エリコさんが餃子をつまみ食いした」とか、そういう何気ないエピソードがいちいちおもしろいという事実はかなりすごいことだと思わざるを得ない。大げさに言えば、これは笑いにおけるちょっとした革命ですらあるんじゃないかと感じている。

なんでもジェンダーに絡めるのはどうかと思うが、個人的に〝女性的なセンスの笑い〟に心惹かれる傾向にある。いや、それが本当に〝女性的〟なのかはわからないし、それを立証するようなデータがあるわけでもないのだが、例えばボケとツッコミ、イジりや茶化し、あるいは「すべらない話」のようなオチをつける話芸など、私たちがバラエティー番組などで見慣れている笑いは極めて〝男性的〟だと感じる。これはおそらくダウンタウンが源流のひとつになっているからだと思うが、人をキャラ化したり、役割を決めて話を回したり、話の展開にアップダウンをつけたり、「普通／異常」などの対立構図を作って落差を生み出したりと、空気や文脈をコントロールしながら笑いを生み出していく文法そのものに男性的な何かを感じてしまう。

そういった文法は世間一般にも広まり、職場や学校などにおけるコミュニケーションにも浸透している。プロのお笑い芸人でもないのに「話にオチをつけなきゃ」「なんらかのキャラを獲得せねば」というプレッシャーを感じたことのある人も多いのではないだろうか。先に〝女性的なセンス〟と呼んだのは、そういうものとは異なる文法で生み出されている笑いのことだ。

阿佐ヶ谷姉妹のふたりがおもしろいのは、可笑しいと感じたことをそのまま話しているからではないか。もちろんプロなので落差やオチのある笑いも作ろうと思えば作れるはずだ。しかし、無理に展開をつけたり枠組みにはめ込んだりしなくても、うたた寝しているミホさんの足に手ぬぐいをかけてあげたとか、エリコさんのテレビが大きすぎるとか、示し合わせたわけでもないのに整骨院で隣になったとか、ふたりのエピソードからは「実際にそう感じたんだろうな」「本当にそういうことがあったんだろうな」と、〝そこにあるもの〟をすくい上げて肯定していくような感覚を抱く。また、ふたりの間には「心理的安全性」という言葉で表現されることの多い、邪魔されず、否定されず、踏みにじられず、傷つけられず、安心して自由にモノを言える空気感が漂っている。だからこそ思ったことをそのまま口にすることができるのではないか。

こういった感覚は、和山やまさんの大人気マンガ『女の園の星』（祥伝社）を読んだときにも抱いたものだ。女子校を舞台に高校生たちが繰り広げるナンセンスな会話劇のようなこの作品は、女子生徒たちの他愛ないおしゃべり、妄想や連想ゲームなどがテンポよく展開していくのだが、そこに力を振りかざしてくる男性は一切出てこない。男性教師である星先生を始め大人たちもみな生徒たちと一定の距離を保っており、この世界では「観察される側」という色合いが強い。ここで展開される笑いには簡単に論じることのできない奥深さがあるが、心理的安全性が確保された空間だからこそ発揮される女子たち特有のセンスが垣間見える。

他にも、例えばマンガ『凪のお暇《いとま》』（コナリミサト／秋田書店）や『HER』（ヤマシタトモコ／祥伝社）、『雑草たちよ 大志を抱け』（池辺葵／祥伝社）や『ぷらせぼくらぶ』（奥田亜紀子／小学館）、さくらももこさんの作品群、また清水ミチコや友近、ゆりやんレトリィバァや吉住、ぼる塾にガンバレルーヤ、ニッチェやハリセンボンといったお笑い芸人、ワワフラミンゴやほりぶんの演劇作品、しまおまほさんや田房永子さん、鈴木涼美さんや南綾子さんのテキストなど……鋭い観察眼と言語感覚をベースに、人間のズルさやしたたかさを内包しつつも、批評的でありながら抑圧や暴力のニュアンスが宿らない心地のいい笑いを、女性の作り手が数多く生み出しているような印象がある。

これを〝女性的〟とくくっていいのかについてはどこまで行っても自信を持てない。もちろんこういったニュアンスの笑いを生み出す男性もいるし、逆にオチやイジりで笑いを作り出す女性もたくさんいるが、でもやっぱりそこにはジェンダーが深く関係しているような気がしてならない。Amazon Prime Video の人気コンテンツ『HITOSHI MATSUMOTO Presents ドキュメンタル』シーズン6で友近とゆりやんレトリィバァが優勝を争ったことは〝男性的〟ではない笑いの可能性を考える上で象徴的な出来事だった。まだまだ考察の余地があるテーマだが、そんな面倒なことを考えなくても阿佐ヶ谷姉妹のドラマはクスクス笑えるからぜひ観て。

その後、〝すでにそこにあるもの〟をおもしろがる笑いにおける極北的なネタに出会いました。ハリセンボンの近藤春菜&友近のコンビによる「徳川徳男・徳子」が本当に最高で、どこかで見たことのあるような、何でも自分の手柄にしてしまうおじさんとおばさんを絶妙にデフォルメしている上、その掛け合いも人間の業と悲哀に満ちていて、とにかく必見です。男性芸人だとコットンのきょんからも近しいセンスを感じます。

2021年7月

弱くたっていいじゃないか、人間だもの

近年、「弱さ」という概念に着目する言説をよく目にする。弱さの持つ力を肯定的に見つめ直す「ヴァルネラビリティ／vulnerability（傷つきやすさ、脆弱性）」という言葉が注目されたり、『弱いロボット』（岡田美智男／医学書院）や『ネガティブ・ケイパビリティ 答えの出ない事態に耐える力』（帚木《ははきぎ》蓬生《ほうせい》／朝日新聞出版）、『弱さのちから』（若松英輔／亜紀書房）といった本が話題になったりもした。

背景にはおそらく新自由主義社会の圧力が関係している。強ければ強いほどいい、速ければ速いほどいい、多ければ多いほどいいと、この社会は私たちに過度な競争や成長

を強いてくる。弱肉強食、即断即決、効率至上主義といったものを是とする空気の中で弱さは忌避されるべき要素として扱われ、弱いものは搾取され、軽視され、ときに暴力にもさらされてしまう。「ウィークネス・フォビア（弱さに対する嫌悪）」といった言葉を耳にしたことのある人もいるかもしれない。そのような風潮は依然として強いが、一方で「本当にそうだろうか？」という疑問の声が様々にわき起こっているのも確かだ。

弱さとは繊細さや優しさ、変化に気づく力や自分と向き合う力とも言い換えられ、それらをポジティブに捉え直す向きもある。また、人は誰しも弱いわけで、弱さを媒介にした連帯に可能性を見いだそうという視点もあれば、「そもそも弱いことの何が悪いのだ」という問い返しの批判もある。私もこういった議論に魅了され、他力本願なロボットが依存や協力といった観点からコミュニケーションの新たな地平を切り拓いた『弱いロボット』などは夢中になって何度も読み返したほどだ。思春期から20代にかけて「男は強くあらねば」というジェンダー規範に囚われていた私にとって、弱さの持つ豊かさを教えてくれたこれらの言説はある種の救いとなった。

こういった流れは現代の演劇界にも見られ、東京芸術劇場でちょうど始まる『もしも、こちら弱いい派―かそけき声を聴くために―』は、サブタイトルに「弱さを肯定する社会へ、演劇からの応答」とあるように、弱さの持つ可能性を様々な形で感じることのできる公演だ。この「弱いい派」とは演劇ジャーナリストの徳永京子さんが名づけたもので、ここ数年同時発生的に増えてきた〈弱さの権利を静かに、かつ軽やかに訴える作品〉を上演する団体を総称的に指し示している。世代的には20代から30代が多く、テーマ性のみならず表現手法や演技スタイルもユニークだ。そんな「弱いい派」の演劇について徳永さんはこのように説明している。

具体的には、いじめの被害者、引きこもり、非正規雇用者、障がい者など、いわゆる社会的弱者が、物語の中心に存在している作品が目につくようになった。そしてこれが重要なのだが、彼や彼女は自分の弱い立場を否定的には捉えていない。隙あらば社会に復讐し、強者と立場をひっくり返そうと考えたり、自分たちの不遇を訴えようとはしていない。彼や彼女は、弱さから見える景色や、自分が弱いから知覚できるかすかなものを、強者とも共有しようとしている。

その姿勢は、負け惜しみでも開き直りでもない平常心で「弱くたっていいでしょ?」と言っているようで、私はそうした演劇を〈弱いい派〉と呼ぶことにした。

（「〝弱いい派〟をよろしく」／『yom yom』２０１９年8月号／新潮社より）

今回の『もしもし、こちら弱いい派―かそけき声を聴くために―』に参加するのは「いいへんじ」「ウンゲツィーファ」「コトリ会議」という3つの団体だ。関西を拠点にしているコトリ会議の作品を見るのは初めてだが、いいへんじもウンゲツィーファも個人的に大ファンで、とても楽しみにしている。作風は異なるが、どちらも舞台上に立ち現れる物語がポップでスタイリッシュで、泣けたり笑えたりする瞬間も多い。しかし、セリフやキャラクターの端々からは背後にそびえる巨大な資本主義社会の圧力が透けて見え、強固な構造とその上で生きる個人の対比が生々しい手触りを持って迫ってくる。今回の公演もメンタルヘルスにUber Eatsなど、現代的なキーワードが作品の主題になっている。そこで表現されているのは私たち自身の姿かもしれない。くしくも「強さ」を競うオリンピックと同じタイミングで始まる弱き者たちの物語は、小さな舞台の上に何を描き出すのだろうか。

弱さの持つ力に着目する流れは、コロナ禍で大きく注目された「ケア」という概念とも結びつき、『ケアの倫理とエンパワメント』（小川公代／講談社）や『弱さの倫理学　不完全な存在である私たちについて』（宮坂道夫／医学書院）など、魅力的な本が次々出版されています。また、この公演で〈序章〉が上演されたいいへんじの『薬をもらいにいく薬』が第67回岸田國士戯曲賞の最終候補に選出され、惜しくも受賞とはならなかったものの、ファンとしては胸アツなノミネートでした……。

2021年6月

久々に観た恋愛映画の素晴らしさ

もうしばらく映画館に行けていない。元からそんなに足繁く通っていたタイプではないが、それでも以前は近所に有名な名画座があったりで、映画好きの妻や友人たちと観に行く機会がぽつぽつあった。今はSNSで目にする話題作を逃して後悔することも多いし、せっかく配信で観られるようになっても、今度は「いつでも観られる」という気持ちのせいかそのままになっている作品も少なくない。

そういう日々にあって、最近少しずついただけるようになった映画の推薦コメントのお仕事は可能な限り引き受けるようにしている。こちらを恋愛とジェンダーをテーマにしている書き手として認識してくれているからか、お話をいただく映画はもれなく興味深いものばかりだ。気づくと日常の忙しさに飲み込まれてしまいがちな私にとって、こういう形で映画を観る機会をもらえるのはとてもありがたい。

最近出会ったのは、台湾の恋愛映画『1秒先の彼女』だ。台湾映画界で〝異端児〟の異名を持つチェン・ユーシュン監督が脚本も担当した作品であり、2020年の台湾アカデミー賞（金馬奨）で作品賞・監督賞・脚本賞・編集賞・視覚効果賞と最多5部門を受賞している。郵便局員のシャオチーとバス運転手のグアタイによるちょっと風変わりなラブストーリーで、公式サイトに紹介されているあらすじはこのようなものだ。

郵便局で働くシャオチーは、仕事も恋もパッとしないアラサー女子。何をするにもワンテンポ早い彼女は、写真撮影では必ず目をつむってしまい、映画を観て笑うタイミングも人より早い。ある日、ハンサムなダンス講師とバレンタインにデートの約束をするも、目覚めるとなぜか翌日に。バレンタインが消えてしまった…⁉ 消えた1日の行方を探しはじめるシャオチー。（中略）どうやら、毎日郵便局にやってくる、人よりワンテンポ遅いバスの運転手・グアタイも手がかりを握っているらしい。そして、そんな彼にはある大きな「秘密」があった——。

私はこの作品をオンライン試写で視聴させてもらったのだが、「興味を持てない映画だったらどうしよう……」という不安をよそに、冒頭からぐいぐい引き込まれてしまった。ネタバレにならないよう本作の魅力を語るとすれば、まず何より出てくる人たちのキャラクターが魅力的だ。何をするにもワンテンポずれてしまうことが象徴しているように、シャオチーもグアタイもいわゆる「マジョリティ（多数派）」になじめない人物として描かれている。しかし本人たちにとってはそれこそが自分のテンポやリズムであり、キャラクターとしての魅力を際立たせている。とりわけ仕事中に見せる二人の破天荒な行動は、役割やルールといったものに縛られがちな私たちを解放してくれるような痛快さが宿っている。

また、登場人物たちの間で交わされる会話も魅力のひとつだ。コミカルでシニカルでリズミカルで、随所におかしみが満載なのに全体的に優しく慈愛に満ちていて、優れた「会話劇」としても楽しめる。キャラクター造形もセリフの言葉選びも簡単に形容できない魅力に溢れており、個人的には話題のドラマ『大豆田とわ子と三人の元夫』

(2021年/フジテレビ系)の脚本家として知られる坂元裕二さんの作風にも通じるセンスを感じた(まったくの偶然だと思うが、シャオチーもとわ子も公園のラジオ体操に参加していて、どちらも周囲と動きがずれてしまう様子が描かれていたのもおもしろかった)。

個人的な視点で言えば、『1秒先の彼女』はジェンダー表現に関しても繊細な意識を感じた。登場する男性たちはみな弱さや情けなさを率直に開示していて、男らしさのネガティブな側面と目されることの多い「オラつき(見栄や虚勢、攻撃的な態度)」や「暴力性のある振る舞い」といったものは見られない。さらに、長年シャオチーに思いを寄せるグアタイの振る舞いは一歩間違えればストーカーなどの加害的な行為に転じてしまいそうでもあるのだが、絶対に踏み越えない一線をしっかり示し、常に煩悶しながら相手に対する思いやりを表現していくことで見事に「恋愛」として成立させている(作家の山内マリコさんもパンフレットに寄せた文章の中でこの点に触れていた)。このあたりの時代性を踏まえたジェンダー描写や恋愛表現も見どころのひとつだと感じる。

何をするにも1テンポ遅れてしまう男は、目の前に何度奇跡が転がってきても決して焦らなかった。届くかわからない手紙を出し続けながら、20年以上もかけて育んできた気持ちはダテじゃないのだ。

私が本作に寄せた推薦コメントはこのようなものだ。SFのような、謎解きのような、ちょっと不思議な展開などもありつつ物語はクライマックスへと向かう。この映画では手紙と写真が重要な役割を果たしていて、そこに封入された時間と感情が最終的に愛の結晶となっていくのだが、長い年月をかけて堆積してきた思いが一気に解き放たれたとき、私の心は強く強く揺さぶられた。わき出てくる膨大な感情に言葉が追いつかず、しばし茫然としてしまった。「感動する」ってこういう状態のことを言うんだろうな……と体感するラストだった。

映画館の大画面で味わいたかった気持ちも正直あるけれど、こうして家にいながら様々な名作に触れられるようになったのは本当にありがたいことだ。やっぱ恋愛映画っていいな。ああ、映画館に入り浸って浴びるように恋愛映画を観まくりたい……。

現在『1秒先の彼女』は各種配信サービスにて視聴可能です。さらに、2023年夏には〝男女反転〟の日本版リメイク映画『1秒先の彼』が公開予定。岡田将生&清原果耶のW主演、そして脚本が宮藤官九郎という布陣で今から楽しみすぎてやばい!

2021年5月

「ガッキーロス」に独禁法まで持ち出す〝ノリ〟の気持ち悪さ

新垣結衣と星野源の結婚が話題だ。そもそも好感度が極めて高い二人だし、社会現象にもなった2016年のドラマ『逃げるは恥だが役に立つ』でみくりと平匡《ひらまさ》の夫婦役を演じていたこともあり、結婚が発表されるや否やメディアやSNSが騒然となったのも無理はない。かく言う私も『逃げ恥』の大ファンで、桃山商事の著書『生き抜くための恋愛相談』の帯文を原作者の海野つなみ先生に書いていただいたこともあり（これはちょっと自慢です）、「みくりと平匡が!!!!!!!!」と大興奮し、桃山商事のメンバーや友人たちとのグループLINEもしばしこの話題で持ちきりだった。

しかし、様々なネットニュースの記事やSNSのコメントなどを見ながらいろいろ考えさせられることもあった。その最たるものが新垣結衣のあだ名に引っかけた「ガッキーロス」にまつわる諸々だ。これは人気芸能人、とりわけ女性の俳優やアイドルの結婚時によく用いられる表現で、石原さとみや佐々木希が結婚を発表したときもこの手の言説がメディアを賑わせた。「ちょっと立ち直れない」「何もやる気が起きない」「明日から何を支えに生きていけばいいのか」といった嘆きの声や、「仕事休みます」「今日はメール返せません」など業務連絡っぽく伝えるもの、さらには「俺たちにはまだ綾瀬はるかが残ってる!」「長澤まさみと本田翼もいるぞ!」など他の独身芸能人の名を挙げて慰め合う声など、ショックは様々な形で表現される。

大好きなドラマが最終回を迎え、心にぽっかり穴が空いてしまう状態に対して〝ロス〟という表現が用いられるのはよくわかる。2013年に社会現象となったNHKの連続テレビ小説『あまちゃん』のときは私も深刻なロスに陥ったし、『逃げ恥』のときもそうだし、同じく新垣結衣が主演を務めた『獣になれない私たち』(2018年/日本テレビ系)でもなったし、現在放送中のドラマ『大豆田とわ子と三人の元夫』が終わったら確実にロス状態になると思う。だからその感覚はとてもよくわかるのだが、それが生身の芸能人に用いられると途端に奇妙なものに感じられてくる。

かつての山口百恵や、記憶が新しいところで言えば堀北真希のように、結婚を機に引退するような場合ならまだしも、新垣結衣は仕事を続けるわけで、これからも引き続き応援することができる。なのにロスという表現が用いられるのは、結婚したことで「星野源のものになってしまう」と捉えているからだろう。

今回もそのような方向性のメッセージが飛び交っていたし、あるツイッターユーザーによる「ガッキーって独占禁止法なかったっけ？」というつぶやきに対し、ウェブメディア「弁護士ドットコム」が法的に検証した記事が話題にもなった。「ガッキーのファン」である社員を対象に「仕事に集中できないことが想定される」という理由で特別休暇を認めた会社の存在もSNSを賑わせた。

端的に言って気持ちが悪い。たとえその自覚がなくとも人をモノのように扱っている時点で尊厳を踏みにじる行為だし（もちろんこれは男性著名人に対しても言えることで、中年の独身俳優が結婚したときによく用いられる「最後の砦が！」といった表現も同様だろう）、さらにはこういった言説は〝ネタ〟や〝ノリ〟として楽しまれている体裁になっていて、批判の声を上げると「ネタにマジレスすんなｗｗｗ」という冷笑がもれなくセットでついてくるわけだが、そもそもこれをネタとして共有できてしまう土壌自体が問題だ。独禁法うんぬんのツイートには1万以上の「いいね」がつき、弁護士ドットコムの記事も肯定的な声が多かった。

とはいえ、このニュースに触れ「なぜ男女の結婚だけがおめでたいものとして特別視されるのか」「法律婚のカップルだけが正式なパートナーシップと認められる風潮に疑問」といった声も少なからず存在し、正直こういう視点はなかったかも……と、自分に染み付いた偏った価値観を痛感させられもした。著名人の結婚は思考のための材料ではないし、そもそも結婚や恋愛に関することはプライバシーに関わる情報で公開する必要もないのだが、多くの人が同じトピックに反応する機会だからこそ、自分の感じ方や受け取り方を見つめ直してみることが大事ではないだろうか。

今は芸能人だけでなく、YouTuberやインフルエンサーなどの恋愛や結婚も盛んに報じられるため、毎日のようにどこかのSNSやニュースのコメント欄が地獄の光景になってますね……。

2021年5月

バラエティー番組のジェンダーロールすら塗り替える森川葵の圧倒的な〝すごさ〟

俳優の森川葵がすごい。本当にすごい。レギュラー出演しているバラエティー番組『それって!? 実際どうなの課』（日本テレビ系）でとにかく「すごい！」としか言いようのない才能を発揮しまくっていて、視聴者として毎回そのすごさに圧倒されている。

この番組は出演者が様々なことにトライしていくバラエティーで、森川は「知られざる世界の達人たち！」というコーナーを担当。これまでけん玉、石積み、クレーンゲーム、水切り、ゴム鉄、ダイス・スタッキング、スポーツスタッキング、バブルアート、テーブルクロス引き、カード投げ、アーティスティック・ビリヤード、ヨーヨー、皿回し、デビルスティック、フォーク曲げ、レインボースプリング、アーチェリーのトリックショット……などなど、いわゆる「大道芸」と呼ばれるような、あるいはかつての『新春かくし芸大会』で披露されていたような技の数々に挑戦してきた。

コーナー名が示しているように、この企画は最初、知られざる芸の世界を森川が訪ね、その道の達人に熟練の技を見せてもらうという趣旨だった。実際に初期のけん玉編ではそのような構成になっていたのだが、番組の終盤で「1ミリけん玉」が紹介された際に自分も挑戦してみたいと申し出る。これは「1ミリのけん先に穴が2ミリの玉を通す」というスゴ技で、上級者にとっても難易度の高いものだというが、なんと彼女はこれをあっさりと成功させてしまう。これが〝伝説〟の始まりだった。

ここから森川は驚異的なセンスを発揮し、何に挑戦しても瞬時に技を習得し、達人たちが数年かけてマスターしてきた技の数々をたった1日で成功させてしまうというパターンを確立していく。芸能人がこの手のスゴ技に挑戦する企画自体はよく見かけるものので、その多くは壁にぶつかりながら練習を重ねるという展開になっていく。「試練×努力×諦めない気持ち」のセットで、成功しても失敗しても最終的には「感動」の文脈に落とし込まれるのが常だが、森川はそれを完全に無視し、一発で成功させてしまったり、ときには達人をも超えてしまったりする。

素人とは思えない速度で上達していくため、その技が難しいものだと伝わりづらかったり、達人がすごい人に見えなかったり、VTRとしての〝撮れ高〟が不安視されたりという困難すら生じ、番組サイドも「バラエティーの法定速度を守らない」という意味を込めて〝ワイルド・スピード森川〟と命名。企画の趣旨が「見学」から「挑戦」に変わったばかりでなく、今ではもはや彼女のすごさをひたすら堪能するコーナーになっている。

ひと言で言えば「センスがいい」となるのだろうが、そこには様々な能力が関与しているように感じる。例えば目の前で起きていることのメカニズムやバランスを把握する力、「身体や道具をこう動かせばこうなるだろう」という運動イメージを描く力、それを実際に体現する運動神経や身体能力。また、達人による手本を忠実にトレースする力、アドバイスを瞬時に理解して身体に落とし込む力、同じ動作を繰り返しながら微調整を行っていく力。さらには絶対に諦めない精神力、未知のことにワクワクできる探究心、プレッシャーや制限時間の中でも途切れない集中力……などなど、とにかく心身ともにすごすぎて、「天才ってこういう人のことを言うんだろうな」と思わずにはいられない。

しかし、森川葵はそれだけにとどまらない。彼女はバラエティーの法定速度だけでなく、固定されているジェンダーロールすら塗り替えてしまうかもしれない点もすごい。例えばテレビの世界には、「男性司会者と女性アシスタント」のような男女の役割分担がいまだに根深く存在しており、この手のチャレンジ企画でも「男性がスゴ技を披露し、女性がそれを見て感心する」というのがお決まりの構図だが、森川のコーナーではそれが見事に逆転していく。

登場する達人たちは男性ばかりで、パッと見は「いかにもテレビ」という景色に映らなくもないのだが、体験レッスン生だったはずの森川が恐ろしい勢いで上達し、逆に達人たちがオーディエンスと化していく構図はこれまでのバラエティー番組にはなかったものだ。さらに、達人たちもそれぞれの芸に向き合う探求者という感じで、威圧的なところが一切ない。むしろ、一人でも多くの人に芸や競技の魅力を伝えたいという熱意に溢れ、コーチングも的確で、ときには種明かしになってしまいそうな部分まで惜しげもなく伝授してくれる。そして爆速でスゴ技をマスターしていく森川に心からワクワクしている様子で、その清々しさも番組の大きな魅力となっている。

テレビはジェンダー観の形成に影響を与える装置の一つだろう。例えば「父親は会社で働き、母親が家事・育児を担う」という家族像や「男性がリーダー、女性はフォロワー」といった役割分担などが典型的だが、そういった構図がドラマやバラエティーのなかで繰り返し描かれることによって、それが〝普通〟の家族であり、男女の役割とはそういうものなのだというイメージが視聴者に刷り込まれていく。いくら見ない人が増えているとはいえ、テレビ番組がいまなお何百万人・何千万人という単位の視聴者に見られ、また出演者も人気や知名度が高い人たちばかりであることを考えると、その影響力はやはり計り知れないものがある。

私は以前、『「テレビは見ない」というけれど　エンタメコンテンツをフェミニズム・ジェンダーから読む』（青弓社）という本に「人気バラエティー番組でのジェンダーの〝描かれ方〟」と題した論考を寄せたことがある。前述の箇所はそこからの引用だが、バラエティー番組の出演者では男性が女性の2倍、テレビ全般でのお笑い芸人の出演者に至っては約7倍という偏ったジェンダーバランス（『放送研究と調査』２０２２年5月号／ＮＨＫ放送文化研究所）がある中で、森川葵のすごさはメディアの世界で〝お決まり〟となってしまっている景色を書き換えていく可能性に満ちている。圧倒的な才能（＝タレント）を目の当たりにすることは、テレビが持つ本来の楽しみ方なのかもしれない。

こういう「素人なのに謎の才能を発揮する俺」「やってみたら簡単にできちゃった俺」という構図のファンタジーは男子の大好物で、かく言う私も憧れまくったものですが、その手の自意識が皆無なところも森川さんのすごさだと感じます。

2021年3月

令和の恋愛観が見えるリアリティー番組

ABEMAの恋愛リアリティー番組『恋とオオカミには騙されない』が絶賛配信中で、日曜日の夜に放送される最新話を毎週キュンキュンしながらリアルタイム視聴している。「オオカミ」シリーズは2017年から始まった若者に大人気の企画で、10代後半から20代前半の若い男女が集まって一定期間を過ごし、恋愛が生まれたり生まれなかったりする様子をドキドキしながら見守る番組なのだが、人狼ゲームのように、いつも男子側か女子側のどちらかに最初から恋愛する気がない＝嘘をついている〝オオカミ〟が一人以上潜んでいるという設定だ。

アプローチ、すれ違い、片想い、三角関係、心変わり、意外な急接近……中には最初から最後まで両想いを貫く安定のカップルもいたりして、その様々な恋愛模様を眺めるのがたまらないわけだが、一方で「でもこの人は嘘をついているのかもしれない」という疑念と緊張感が常につきまとう。最後の告白タイムで誰がオオカミだったかが判明し、その瞬間の驚きと切なさも醍醐味のひとつだ。

シーズン9として放送中の『恋とオオカミには騙されない』は、ファンからすると画期的なタイトルになっている。これまでのシリーズでは男女のどちらにオオカミがいるかはあらかじめ伝えられており、それに応じてタイトルも「オオカミくん」「オオカミちゃん」となっていたが、今回はそれがついていない。つまりどちらにオオカミが混じっているのかがわからず、より緊張感が増しているのだ（もっとも、最初はジェンダーの垣根を取っ払い、恋愛＝男女の異性愛という枠組みを外すためのタイトル変更かと思ったが、そうではなかった）。

今回は男女5人ずつの総勢10名が参加している。ＳＮＳの総フォロワー数が５００万以上というモデル／YouTuber のなえなの（20）や、『幸せ！ボンビーガール』（日本テレビ系）への出演がきっかけで一躍有名となった俳優の川口葵（22）、ジュノン・スーパーボーイ・コンテストでグランプリを受賞した俳優の綱啓永《つなけいと》（22）、250万以上のフォロワー数を誇る大人気TikTokerのりゅうと（choco）（20）など、出演者には「Z世代」の人気者が勢揃いしており（自分にとっては初めて知る人ばかりでしたが……）、SNSでは日々番組の話題が飛び交っている。

現在は序盤も序盤といったところで、ここからどんな展開になっていくかはまだまだ読めない。しかし、2017年のシーズン1から見ている者としては、出演者たちの言動や関係性に様々な変化を感じてすでにたまらないし、そこには〝令和の恋愛観〟とでも言うべきものが垣間見えるような気もして、個人的に学びにもなっている。

例えばシーズン1の頃は「男子がリードする側で、女子はもてなされる側」という傾向が強かった。いわゆる「壁ドン」や「頭ぽんぽん」を地で行くような〝オラオラ系〟の男子も少なくなかったが、最近のシリーズではむしろ女子メンバーのほうが積極的だ。売れっ子の彼女たちはとにかく仕事にストイックで、日々忙しく過ごしている。「一緒に過ごせる時間は限られている」「悔いの残らない時間にしたい」「気持ちは言葉で表現しないと伝わらない」ということを強く意識していて、主体的かつ積極的に相手とコミュニケーションを重ね、いい恋愛につなげたいという姿勢が前面に表れていてとてもかっこいいのだ。

男子たちはみんなスマートで優しく、女子たちをリスペクトしていて、決して失礼なことはしない。相手の話にじっくり耳を傾け、無用なジャッジはせず、ちょっとした雑談でも盛り上がれるような共感性を備えている。彼らが惹かれるのは自分の意見や個性をハッキリ持っているタイプの女子で、対話を通じて恋愛感情が芽生えるシーンも多い。「守ってあげたい」「リードしたい」といったようなムードがない部分にも令和の恋愛観を強く感じる。

もちろん背後には、自分たちの一挙手一投足が多くの人の目に晒され、常にSNSで議論の題材にされてしまうことへの意識や自覚も関与しているはずだ。また、彼ら彼女らはすでにそれぞれのフィールドで活躍しているプロであり、時代が求める価値観にアジャストすることはタレントとしての〝生存戦略〟にも関わってくる問題だろう。そういう有形無形の様々なプレッシャーがのしかかっているであろうことを思うと、「最近の若い人たちはかっこいいな！」「俺もこんなふうになりたかった！」なんて無邪気に感心していい問題なのかどうか、葛藤に苦しむ部分も正直ある。

さらに、まだまだ描かれる恋愛模様が異性愛中心であったり、出演者がSNSで誹謗中傷に晒されてしまったりと、番組のファンとして目を背けてはならない批判や課題が多いこともまた事実だ。そういった憧れとモヤモヤを同時に抱えつつ、この先の展開をドキドキしながら見守っていきたいと思う。ガオガオ。

概ね半年ペースで更新される「オオカミ」シリーズは、2023年春現在でシーズン13『花束とオオカミちゃんには騙されない』が放送中。この原稿でテーマにした〝令和の恋愛観〟は、Z世代の価値観やライフスタイルについて論じた竹田ダニエルさんの著書『世界と私のA to Z』（講談社）を読むとより理解が深まると思います。

2020年12月

生身の俳優の声は、か弱くも鋭い批評

子育てとコロナ禍が始まって以降、趣味の演劇をほとんど観られていない。カレンダーを振り返ると以前は毎年30〜40公演くらい観劇していたが、2020年はわずか6公演だった。私が好んで観るのはいわゆる「小劇場系」と呼ばれるもので、少人数の団体が客席100にも満たない小さな空間で行う演劇がその中心だ。

新型コロナウイルスの感染拡大が深刻化し始めた春先に都内の劇場でクラスター（感染者集団）が発生してしまったこともあり、「観客が密集し、かつ俳優たちが飛沫《ひまつ》を飛ばす演劇は危険」というイメージが広まった。そして規模の大小を問わず、ほとんどの演劇公演が中止を余儀なくされた。

先日、およそ8カ月ぶりに劇場へ足を運んだ。そしてその直後にも、アフタートークに呼んでもらった縁もあって立て続けに観劇の機会を得た。それはここ数年、個人的に最も熱心に追いかけている劇団であり、152ページで紹介した〝弱いい派〟にも数えられる「ゆうめい」「いいへんじ」というふたつの団体の公演だった。

演劇という表現形態は稽古に長い時間がかかるばかりでなく、本番もすべて俳優が生で演じるため、ビジネスとして考えるとコストパフォーマンスはなかなかに悪い。どれだけ話題になったとしても売り上げの上限（＝満席分）はあらかじめ決まっているし、小劇場ともなれば客席も小規模で大きな利益を得ることは構造的に難しい。だからどの劇団も経済的にはカツカツで、アルバイトをしながら演劇活動を続けているケースも少なくない。ただでさえそのような状態なのに、2020年はコロナで公演中止を余儀なくされ、秋頃に少しずつ再開できるようになったものの、感染防止対策で客席をひとつおきにするなど集客は依然として苦しい。しかし、そんな吹けば飛んでしまうような状況の中で、ゆうめいもいいへんじも非常に素晴らしい作品を上演してくれた。

ゆうめいは劇団員の身に起きた出来事を物語化するドキュメンタリーのような作風が

特徴で、今回も主演を務めた俳優が外出自粛期に送っていた生活がモチーフになっていた。いいへんじは人と人の間に発生する「レスポンス」を丁寧に描いていく劇団で、今回は勉強にバンド、お笑いにYouTuberなど、いつも何かの目標に向かって一緒に活動してきた仲良し3人組の女子をめぐる物語だった。

もちろんふたつの舞台は別個に作られたものだが、どちらも同じ社会構造から生み出されたシチュエーションのように感じられた。外出自粛期にひとり部屋で過ごしていた主人公は、同じアプリを利用している誰かとランダムに通話がつながるサービスにハマり、そこで知り合った女子高校生と長電話をしながら交流を深めていく。一方、仲良し3人組のほうはリーダー的存在の女子の足が原因不明のまま突如動かなくなってしまい、ユニット活動がままならなくなっていく。

コロナ禍の社会事情が多分に反映された舞台設定の中で右往左往する俳優たちの姿は、2020年を生きる私たちとオーバーラップする。人と会えないさみしさ、ネットの細い縁でつながった相手にすがりつきたくなる心情、病気の正体がわからないことへの不安、目標を見失ったときの戸惑い。でも、他者にどのくらい期待したり踏み込んだりしていいものなのか、目標とかゴールって果たして必要なものなのか、全力疾走することだけが本当に大事なことなのか——などなど、作品が提示するメッセージとともに、私の中にもこの1年で感じてきた様々な思いが去来した。

小劇場の魅力は生身の俳優がすぐそこで演じている上、まとっている役やキャラクターの皮膜が薄いという点にある。「役でもあり俳優本人でもある」という不思議な感触がおもしろい。役としても、また本人としても、みんな必死にこの時代を生きていることが伝わってくる。小さな演劇はとても弱い。そこに関わる人たちは生身で社会と関わっている。そういう身体から発せられる言葉や動きは極めて繊細で敏感でありながら、観る者の心と身体を共振させる力に満ちている。

できることなら分厚い何かに守られながら生きたいし、命の危険と隣り合わせである今はなおさらそう思う。でも悲しいかな、この社会は「自助」や「自己責任」で自分の身を守れと私たちに告げてくる。そういう状況に対し、生身のまま生き、生身のまま舞台に立つ俳優たちの声は、か弱くも鋭い批評となっている。これぞ小劇場の魅力だよなって強く思う。感染防止対策を徹底しながら、これからも演劇ファンとしてその声に耳を傾け続けていきたい。

最近は少しずつ演劇を観に行けるようになり、生活に彩りが戻ってきたように感じます。でも演劇関係の知人からは、依然として厳しい経済事情や、文化芸術に冷淡な政治に対する嘆きなど、シビアな現実も伝わってきており……ファンとして何かできることはないだろうかと模索中です。

2020年10月

恋愛サバイバルで〝弱い男〟が見せた ホモソーシャルの新しい地平線

大きな話題とともにAmazon Prime Videoで配信が始まった『バチェロレッテ・ジャパン』は、ひとりの女性をめぐって17人の男性たちが激しいアピール合戦を繰り広げる恋愛リアリティー番組だ。これまで『バチェラー・ジャパン』としてひとりの男性を多数の女性で争奪する模様を放送してきたが、〝男女逆転版〟と謳われる本作はその構図が逆転している。

実は番組が始まるずいぶん前に、びっくりするような話があった。バチェラーシリーズでは毎回、参加者たちに自己紹介や意気込みを語ってもらうプロフィール動画を作成しているのだが、なんとそのインタビューを担当して欲しいというオファーをいただいたのだ（長年恋バナ収集をしているとこんな幸運が訪れるものなんですね……）。

もちろんふたつ返事で快諾し、まだ情報公開もされていない時期だったので極秘に準備を進めて収録に臨んだのだが、参加者たちはちょうど撮影の旅に出る直前というタイミングだったこともあり、みなさん野心とやる気に満ち溢れていた。バチェロレッテである福田萌子さんへの熱い気持ちを語る人、自己アピールに余念がない人、番組を足がかりに夢を叶えたいという野望を隠さない人など、「結婚したい」「有名になりたい」「他の男性に負けたくない」といった様々な思いを抱えて番組に乗り込んできただけあり、熱量がとにかくすごくて収録現場はとてもギラギラしていた。

そんな紹介動画のインタビュアーとして、そしてすべてのシリーズを熱心に追いかけてきた番組のファンとして、また男性性やホモソーシャルの問題に関心を抱くひとりの男性視聴者として、配信が始まるや否や早速エピソード1を視聴した。「期待通り」と「予想外」が入り混じる、とてもドキドキする展開だった。

この番組では毎回、「自己紹介＋カクテルパーティー」というスタイルでスタートするのが定番だ。初対面の瞬間ではインパクトを残そうとそれぞれが工夫を凝らしたあいさつを披露し、カクテルパーティーでは福田さんに話しかけるタイミングを全員が虎視《こし》眈々《たんたん》と狙っていく。これまでは女性同士の戦いだったが、これが男性同士になるとどんな様子になるんだろう……とワクワクしていたが、期待を裏切らないバチバチ感が満載で最高だった。

自信満々な態度を見せる人、他のメンバーにマウンティングを仕掛ける人、強引に割り込んでいく人、得意技を披露して目を引こうとする人など、振る舞い方のバリエーションはバチェラーシリーズの女性同士とそう大きくは変わらないような気もしたが、「えっ?」と感じる意外なシーンもあった。それは参加者のひとり、杉田陽平さんという男性が見せた振る舞いだ。

杉田さんは画家を生業としている35歳で、事前インタビューで自らのことを「脇役」と自虐的に称するなど、他の男性たちに比べて圧倒的に弱気なキャラクターだった。パーティーでも話の輪になかなか入れず、福田さんに話しかけることもまったくできない。ここはギラギラした男たちが己の野心を賭けて競い合う弱肉強食の現場。弱気で繊細なアーティストにはさすがに厳しいか……と思いきや、戦意喪失状態でひとり佇む杉田さんに対し、なんと参加者の男性たちが「ここで話しかけないと後悔するよ」と次々励ましの声をかけ、福田さんと一対一で話す時間をみんなでお膳立てしたのだ。

これは完全に予想外の展開で、見ていてとてもおもしろかった。この番組は毎回ラストに「ローズセレモニー」という儀式があり、バチェロレッテからバラの花を受け取れなかった男性はそこで脱落となるのだが、このバラは本数が限られている。つまり杉田さんの背中を押すことは自分が脱落する確率を上げてしまう致命的な行為でもある。これを「意外」と感じたのはおそらく、視聴者として露骨な争いや足の引っ張り合いを期待していたからだ。また、自分の中に「男同士は何かと競い合うのが常で、自分の不利益につながるような助け合いをするわけがない」という偏見があったからではないかとも思った。

インタビューをさせてもらった際、杉田さんは語彙《ごい》の豊かな方だという印象を持った。自分の気持ちに嘘をつかず、常に素直でいることを心がけているようにも思え、個人的に惹かれるものを感じた。そういった魅力が他の男性たちにも伝わり、みんなが杉田さんをサポートしようと思ったのかもしれない。あるいは、これは151ページで紹介した『弱いロボット』という本の議論にも通じる部分があるように思うが、杉田さんの葛藤やモジモジした態度が結果的に他者のアシストを引き出し、これまで男らしくないものとされてきた〝弱さ〟がホモソーシャルの新たな地平線を見せてくれた場面だったようにも映り、ますます興味が湧いた。

モデル、俳優、サーファー、格闘家、実業家、ミュージシャンなど、自信と野心に溢れる男たちが織りなす恋愛サバイバルの中で杉田さんはどこまで生き残ることができるのか。どんな友情やライバル関係が生まれるのか。色とりどりの〝男らしさ〟がひしめきあう『バチェロレッテ・ジャパン』の先行きが楽しみでならない。

杉田さんは回を追うごとに存在感を高め、最終的にはバチェロレッテの福田さんと並んで今作の顔となっていきました。杉田さんと最後までしのぎを削った実業家の黄皓《こうこう》さんは、その後『バチェラー・ジャパン4』のバチェラーに選ばれ、今度は逆の立場で大暴れしていました。

第4章

心を開いて、清田くん！

2022 ← 2020

2020年10月

地方都市の不倫の苦しみと「さようなら」の瞬間

以前、地方都市に暮らすアラサー世代の女性から恋愛相談を受けた。彼女は会社の先輩と不倫関係にあり、そのことで思い悩んでいた。最初にもらったメールには「罪悪感と自己嫌悪と、結局は不倫相手だという悲しさで日々つらいです」とあった。

ことの次第はこうだ。先輩とはかつて同じプロジェクトチームで働いていた間柄で、一緒に残業することがよくあり、またオンラインゲームが共通の趣味で、多くの時間をともにするうちに距離が縮まっていったという。ところが先輩には遠距離で交際中の恋人がいた。その話を聞いていたので気持ちが恋愛感情に発展することはなかったが、あるとき知り合いの男性から付きまとわれるという怖い出来事があり、それから先輩が車で送迎してくれるようになり、とうとう二人は恋仲に発展した。

遠距離中の恋人の存在はやはり気になっていたが、「もう恋愛感情はない」「情と腐れ縁でつながってるだけ」「ちゃんと別れ話をしようと思ってる」と繰り返す彼に引っ張られる形で関係は続いていった。実際に平日も休日も、リアルでもオンラインでも、ずっと一緒に過ごしているような日々が続いていたので、なんとなく恋人の存在を忘れかけていた頃、先輩から突如「遠距離中の彼女と結婚して同居することになった」と告げられた。

ショックだったし、裏切られたような気持ちにもなったが、その一方で「仕事終わりは一緒に過ごせるし、オンラインでも遊べる」「一番好きなのは君」「これまでと変わらず付き合って欲しい」とも言われ、踏ん切りがつかないままでいた。それ以来、「このままではいけない」「でも簡単に断ち切ることができない」という気持ちを行ったり来たりしながら、先輩が結婚してからも関係を続けているのが彼女の現在地だった。

不倫している独身女性からの相談は少なくない。その多くは彼女と同じような葛藤を抱えている。しかし、それを周囲の人に相談しても説教を食らう展開になることが多い。

彼女も友達から「今すぐ別れたほうがいい」「都合よく利用されてるだけだって」「バレたら慰謝料を取られるんだよ？」などと集中砲火を浴びたという。心配してくれているのはわかっていても、揺れる気持ちを受け止めてもらえないまま正論を突きつけられるのは、なかなかしんどいことだと感じる。

私も昔、似たようなことをしてしまったことがある。桃山商事の活動が始まって間もない頃、女友達から彼氏の愚痴をみんなで聞く機会があり、その彼はパチスロにハマっていて、朝から大学をサボって打ちにいく日々を送っていた。ひとり暮らしをしていた女友達の部屋に入り浸り、自分の服を洗濯させ、さらにはパチスロ代を彼女から借り、その返済もままなっていないという体たらくだった。我々は話を聞いているうちに段々とムカムカしてきて、気がつくと「まじでクソな彼氏だな！」「絶対に別れたほうがいいよ」「早く金も返してもらおう！」などと興奮気味にまくし立てていた。心の底からそう思っていたし、大事な友達を雑に扱われた悔しさもあってのことだったが、彼女の表情は見る見る曇っていき、最終的に「あんたたちに何がわかるのよ！」と怒らせてしまったのだ。

どんなに酷いことをされていたとしても、相談者さんにとって好きな人である（であった）ことは確かで、それを彼氏と会ったこともない人からボロクソに言われるのは気分が悪いだろう。また、そんなふうに否定されてしまうと、「その人と付き合っている自分」にまでダメ出しされているような心地になってしまう可能性だってある。これは完全に我々が悪かった。以降「相談者さんの恋人をディスらない」というルールができるほど、これは桃山商事にとってターニングポイントとなるような事件だった。

不倫関係に悩む彼女も「早く関係を清算したい」という思いを持っていた。その決心を固めるため、思っていることや考えていることを思う存分しゃべりたいというのが我々のところへ来た理由だと語っていた。不倫というのは誰からも承認されない関係で、別れてしまえば元から何もなかったかのように扱われてしまう。それがとてもつらく、だからせめて最後に誰かに話しておきたかったという思いが見えてきた。そして、彼が結婚して以降、オンラインゲームにログインしづらくなり、また彼に遭遇するかもしれないという理由で地元のイオンにも行けなくなり、生活に制限がかかってしまったことも苦しみの一因になっていた。「なるほど……イオンに行けないのは地味につらいですね」と、我々もなんだか沈痛な面持ちになってしまった。

ひと口に不倫と言っても、そこにどんな経緯があり、どういった苦しみが存在しているかはケースバイケースであり、じっくり話を聞いてみないことには内実は見えてこない。彼女からは翌日、「別れに向け、彼と話し合いをしたいと思います」とメールがきた。決意が込められた、とても力強い言葉だった。

「さようなら」という言葉は元来、「そういうことならば（仕方ない）」と、前の出来事を受けて次に進み始めるときの構えを意味する接続詞なのだが、過去と決別するためにはそれまでの出来事を整理し、その存在を肯定した上でないと次の一歩には進めない。それは不倫であっても苦しい恋愛であっても同じことで、いったん思いを吐き出し切ることが大事ではないかと思う。

苦しかったし、傷ついたし、やめておけばよかったという思いもある。でも好きな人だったし、楽しい瞬間も少なからずあった。誰にも話せなかったし、記録もすべて消去することになるかもしれないけど、私たちが過ごした時間は確かに存在していた。違う未来があったらよかったなとも思うけど、やっぱりどう考えてもこうなるより他はなかったのだ——と、そんなふうに思えたときに「さようなら」の瞬間はやってくる。

これは自分にとっても思い出深い相談でした。コロナ禍が始まって以降、恋愛相談を聞かせてもらう機会が大幅に減ってしまったのですが、これこそが桃山商事の本筋って感じの活動なので、少しずつでも再開していけたらと思います。

2021年9月

私はライターという仕事を好きになれなかった……けれど

私は大学時代に同級生と雑誌を作るサークルを立ち上げ、そのまま法人化してライターとして働き始めた。様々なメディアで記事を書く機会に恵まれ、取材やインタビューを通じて刺激的な出会いもたくさんあった。そんな仕事で15年以上も生活できているのはとても幸運なことだと思う。けれど私はライターという仕事をずっと好きになれなかった。

フリーライター・和田靜香さんの著書『時給はいつも最低賃金、これって私のせいですか？　国会議員に聞いてみた。』（左右社）は、日本に暮らす一個人として抱える不安や疑問を国会議員に体当たりでぶつけていく〝政治問答〟の書だ。相手は立憲民主党の小川淳也さん。17年間の政治活動を追いかけたドキュメンタリー映画『なぜ君は総理大臣になれないのか』（2020年）が話題にもなった衆議院議員だ。

元は音楽や相撲を中心に追いかけてきた和田さんだったが、ひょんな縁から小川さんにインタビューする機会を得る。そして小川さんの言葉をさらに聞きたいと思い、「一緒に本を作りませんか」と手紙を書くに至る。紆余曲折の後に立ち上がったこの企画は、和田さんがまさかのノープランで小川さんに会いに行くところから始まる。しかしそれは結果的にこの本の出発点としてこれ以上ないものだったように感じる。「それで和田さんは何から聞きたい？　何が分からないの？」と問われて切り出したのはこんな言葉だった。

「自分が何が分からないのかも、どこから考えたらいいのかも、まったく分からないんです。自分がどうしたらいいいか、どうすべきか、何も分からなくて、だから、ここに来たし、何ということは今、具体的には言えません」

（第一章「生きづらいのは自分のせい?」より）

和田さんが「面談」と呼び、小川さんが「デスマッチ」と称した約1年間の政治問答は、ここから加速度的に熱を帯びていく。政治家の言葉をライターがわかりやすくまとめていくものでは決してなく、まさにがっぷり四《よ》つの取っ組み合いになっているところがすごい。

東京都内に単身で暮らす56歳の和田さんは、長年ライターとして音楽雑誌や週刊誌で記事を書いてきた。しかし２０００年代の後半から音楽業界の不況もあって仕事が減り、生活のためにライター業と並んでアルバイトをするようになった。コンビニ、スーパー、おにぎり屋さんなど飲食系を中心に働いてきたが、〈時給はいつもその時々の最低賃金〉だったという。しかも時給は全然上がらない、この先どうなるのか、家賃は払っていけるのか、まったく政治を信頼できない、恵まれている人が妬ましい、でもこうなってしまったのは自己責任かも……と、和田さんが渦巻く感情をぶつけ、小川さんが政治の問題と結びつけながら応答していく。

和田さんの抱える不安をひもといていくと、人口減少や社会保障、税の分配や緊縮財政、経済格差や硬直化した雇用制度、移民問題にジェンダー格差、さらには気候変動やエネルギー問題、沖縄の基地問題からコロナ対策まで、背景に様々な社会問題が存在していることがわかる。和田さんの不安は日本という国が抱えている不安そのものであることが見えてくる。個人の切実な問いから始まるこのダイナミックな展開が魅力のひとつだ。

丸腰の市民と国会議員が遠慮なしに本気で語り合っている――。この奇跡のような対話を可能にしているのが、丹念に耳を傾け、真剣な心持ちで、丁寧に言葉をつむぎながら和田さんと向き合う小川さんの姿勢だ。それは『なぜ君は総理大臣になれないのか』に映っていた愚直な人柄そのもので、わからないことはわからないと言い、ときに涙を流しながら大真面目に向き合ってくれる政治家が存在するという事実は私にとっても非常に心強いものだった。

そして、それと両輪をなすのが和田さんの気合いと粘り腰だ。ほぼ知識ゼロという地点からスタートし、毎回膨大な本や資料を読み込みながら質問を考え、対話が終わったあとも小川さんの言葉を腹落ちするまで咀嚼《そしゃく》し、それをわかりやすい文章に落とし込んでいく。市民と政治家が膝をつき合わせ、地層を重ねるように形作られていったこの本は、やがて「民主主義」の本質に到達する。その感動的なプロセスはぜひページをめくりながら体感して欲しいが、個人的に強く心に残ったのは、「これはライターだからこそ書けた本だったのかもしれない」ということだ。

私はライターという仕事を好きになれなかった。悲しいくらいナメられやすい職業で、私も搾取やパワハラを幾度となく経験してきた。研究者のような知識があるわけでもないし、小説家のように物語を紡げるわけでもない。毎回ゼロから勉強し、専門家や著名人に取材して記事にまとめるのが主な仕事で、自分の視点や意見などは求められていない。職業としても認識されづらく、親から「いつまで夢を追ってるんだ」と言われ、不動産のローン審査では「職業欄には記者と書いてください」と諭された。そういう中で自分の仕事に自信を持てなくなり、私はいつからか積極的にライターと名乗ることをしなくなった。

でも、と思う。この本はおそらく、和田さんがライターじゃなかったらこういう形にはなっていなかったはずだ。常に丸腰で、「わからなさ」を携えて専門家に教えを乞うということに長けていて、そこで得たものをわからない人に向けて書く技術を持っている。さらに自分の無知や不安を率直に言語化し、それを他者や社会の問題と接続させることもできる。

夜中まで資料を読み込み、ひと文字ずつ地道にテープをおこし、思うように進まない原稿に悶々としながらこの本を作っていったんだろうな……と、同業者として和田さんが過ごしたであろう時間を勝手に想像し、思わず泣きそうになった。そうだ、ライターにはライターの強みや特性があって、それはこんなすごい本を作ることもできちゃうものなのだと、なんだか個人的に勇気をもらう読書体験でもあった。

ひとりのライターが人生を賭けて政治家にぶつかっていったこの本は、読む人によって様々な発見や接点があるはず。「個人的なことは政治的なこと」という言葉もある。政治や社会とは、個々人の思いや対話が重なり合い、地層となって形成された土壌の下支えがあって初めて成り立つものなのかもしれない。

知識も関心も薄い自分が政治なんかと関われるわけがないと昔は思っていました。でも、そんなわけないですよね。政治はあらゆる人の生活と密接に関係しているもの。個人としての実感からスタートする和田さんの本は政治入門の書として最適な一冊だと思います。

2021年10月

恋愛のモヤモヤに潜む政治意識のズレ

恋バナや恋愛相談に耳を傾けていると、語られているのは確かに恋愛の話題だが、その奥底に政治や思想信条が関与しているように感じるケースが結構ある。政治と恋愛は縁遠そうに感じるが、意外とそんなこともなかったりする。

例えば前に話を聞いたAさんという女性は、婚活で出会った男性とすでに5回以上デートを重ね、相手にいい印象を抱いていた。ところがその後、何げない雑談の中で彼から韓国や中国に対する差別的な発言が出てきたことが気になり、以降モヤモヤが募って最終的に会うことをやめた。またBさんという女性は結婚した直後、一緒に暮らし始めた夫の思想信条が垣間見えるようになって驚いたという。それまであまり政治の話をしてこなかったが、本棚の一角を占める書籍にやたら日の丸が踊っていることが目につき、「なんか嫌だな……」と感じるようになった。結局その夫とは価値観の不一致によって離婚に至ったが、政治意識も大きなウエイトを占めており、決定的ではないにせよ、確実に不和の一因になっていたと彼女は語っていた。

政治家における男女比がアンバランスでおかしいと憤るフェミニストの恋人に対し、「怖いからそういう話はあまりしないで欲しい」「怒ってるだけじゃ何も変わらないのでは？」と不満を抱いている男性もいたし、支持政党が異なり、選挙が来るたびに言い合いになるのが悩みの種になっている夫婦もいた。

桃山商事の著書『モテとか愛され以外の恋愛のすべて』には、スーパーの豆腐売り場で揉めるカップルのエピソードが紹介されている。棚には賞味期限の異なる豆腐があって、「今日食べるんだから、古いのを買ったほうがいい」と主張する彼女に対し、彼氏は「値段は変わらないんだから、新しいのを買おうよ」と訴え、議論は平行線をたどった。日常の些細なシーンに映るこのエピソードには、おそらく環境問題やサステナビリティなどに対する考え方のズレが関与している。意外に根の深い政治的イシューなのだ。

私は30歳のときに大きな失恋を体験した。それまで5年近く交際した恋人との間に結婚をめぐるすれ違いが生じ、その溝が埋まらず別れに至った。彼女は高校生のときから片想いをしていた相手で、携帯電話の待ち受けにするほど好きな人だったのに、なぜ結婚に進むことができなかったのか。そこには様々な要因が絡まり合っていたと思うが、今考えると思想信条の違いがものすごく大きかった。当時の私はいわゆる〝ノンポリ〟と呼ばれるタイプで、自分がどんな政治的なスタンスなのかまるで自覚がなかったが、彼女やその親族が提示してきていた「夫が稼ぎ、妻が家庭を支え、家を買って、子を持って……」的な結婚のイメージにプレッシャーを感じていたことは確かだ。ライターを辞めてちゃんとした企業に就職して欲しいとも言われたし、実家の相続や親の介護のことなんかも根掘り葉掘り聞かれた。そのときは「いちいち面倒くさいな」くらいの意識だったが、あれは突き詰めると〝家族観〟が決定的にズレていたという話だったように思う。

私はその後、自分が〝個人の自由〟を重んじるリベラルな政策を支持する人間だという自覚をハッキリと持つようになった。社会の最小単位は一人ひとりの個人であり、それぞれが自由に生きていけるような環境や仕組みを作り、調整を続けるのが政治の仕事ではないかと今は考えている。彼女が提示していたのはいわゆる〝家族主義〟的な結婚で、それに乗っかると私という個人が埋没させられてしまうのではないか……という恐怖を抱いたがゆえの抵抗感だったと、改めて思う。

恋愛と政治は思いのほかつながっている。政治を意識する機会は選挙くらいという人が多いかもしれないが、その基本は自分自身について考えることで、それは他者について考えることでもあり、社会について考えることにもつながっていく。だからその部分にズレが生じると、ときに決定的な問題に発展してしまう。別れるに至った彼女とはどう考えてもうまくいかなかったと思うが、そういう意識があればもっと違った形の話し合いができたかもしれない。自分はどうありたいのか、他者とどう共生していくか、この社会をどんなふうにしていきたいのか——など、自分の生活や責任を誰かに丸投げせず、それぞれが主体性を持って生きることが政治ではないかと思うのだ。

もちろん必ずしも一致している必要はなく、むしろ価値観はズレているのが当たり前だとすら思うので、本来ならばそこから対話や議論を立ち上げることができればいいのですが、日本に暮らす我々はどうにもそれが苦手ですよね。子どもの頃から対話や議論の作法を身につけられるような教育をしてくれ政府……。

2021年12月

センチメンタルも悪くない？ ZARDと新自由主義の呪縛

最近、脳内でずっとZARDの曲が再生されている。ZARDとは1990年代から2000年代にかけて活躍したミュージシャンで、今の20代……いや30代前半でももしかしたら知らないかもしれない。あるいは知っていても、「なんでしたっけ？ 負けないで？」「親とかおばあちゃんの世代が聞いてた曲ですよね？」みたいな感じかもしれないことを思うと、ZARDの話をするのは正直怖い（ジェネレーションギャップ……）。しかし、2カ月ほど前に高校時代の同級生の車に乗せてもらったとき、彼が何げなく流していたBGMの中にZARDの曲がたくさん入っていて、そこからずっと頭の中で再生され続けている。今でも気づくと鼻歌を口ずさんでいるほどだ。

ふとした瞬間に視線がぶつかって、揺れる想いを感じながら、息もできないくらい君に夢中になる。君に逢いたくなったら、いつだってすぐに飛んで行けたはずなのに、この愛に泳ぎ疲れてしまった。突然の風に吹かれて、ぬくもりが欲しくて、君と僕との間に永遠が見えなくなって、君がいない。サヨナラは今もこの胸に居るけど、きっと忘れない、いまが想い出に変わっても――。ああ、めちゃくちゃ90年代って感じがする。

私は懐メロが苦手だった。幼い頃から過度にセンチメンタルなところがあって、小学校の卒業文集では「楽しい時間が過ぎるのはなぜ早いのか」ということをひたすら嘆いていて、かつて住んでいた家の前を通ってあえてしんみりした気持ちになるということをよくやり、別れた恋人との思い出が詰まったものもなかなか捨てることができない。しかし、年齢を重ねるにつれて自分のそういう部分がどんどん嫌になり、感傷の引力に引っぱられないよう〝新しいもの〟や〝今のこと〟ばかりに目を向けるようになった。

とりわけ30代になってジェンダーの問題に興味を持つようになってからは、思春期に聴いていたJ-POPの歌詞が極めて男に都合のいい世界観（夢を追いかける僕と待っていてくれる君とか、傷つけてばかりの俺を許してくれてありがとうみたいな……）で構成されているように感じられ、素直に聴けなくなってしまった。そういったものの中にZARDも入っていて、だから脳内再生が止まらない状態に最初は戸惑い（あるいは自己嫌悪）を覚えていたのだった。

しかし最近、それってどうなんだろうという思いも抱くようになった。感傷的な自分をなぜ過度に否定したがるのか、このことについて立ち止まって考えてみると、そこには新自由主義的なマインドが見え隠れしていることに気づく。私は19歳のときに1年間の浪人生活を送り、自分でも驚くほど猛勉強して希望の大学に入ることができた。それは中高一貫の男子校で怠け抜き、自尊感情が低下しきっていた私にとって心の支えとなるような成功体験だった。そして時代は2000年代に突入し、出口の見えない不況が叫ばれ、いつしか自分たちは就職氷河期世代（あるいはロスジェネ世代）と呼ばれるようになった。経済のグローバル化が進んだり、「構造改革」を連呼する小泉政権が国民に自己責任論を植え付けたりした結果、私の中に「成長せねば」「戦わなくては」「前進あるのみ」という意識が巣くうようになった。

センチメンタルな自分を嫌うようになり、懐メロがどんどん苦手になっていったのもこの頃からだ。当時ははっきり言語化できていなかったが、その背景には間違いなく新自由主義の影響が関係している。そういう自分が今も消えずに存在しているのは確かだが、その一方で、効率や生産性を追い求めるマインドが人々から余裕を奪い、社会を息苦しいものにしているという側面を知るにつけ、成長とか前進といった感覚に囚われまくっている自分もどうなんだろうと思うようになった。

そこに入り込んできたのがＺＡＲＤだった。90年代というのは今では信じられないくらいJ-POPが売れていた時代で、テレビでも街角でもヒット曲がバンバン流れていて、意識せずともメロディや歌詞が脳内に刷り込まれてしまう環境にあった。ＺＡＲＤを熱心に聴いていたわけでもないのにするすると鼻歌が出てくることに自覚なき洗脳の恐ろしさを感じないこともないが、自分が90年代に思春期を過ごしていたことは否定しようのない事実であり、無理に目を背けることもないんじゃないか……。

むしろそれを頑なに拒否しようとする姿勢こそ新自由主義的なマインドに侵食された自己の象徴ではないかと思い直し、押し寄せるＺＡＲＤの波に身を委ねてみようと思った。そしてiTunes StoreでＺＡＲＤの曲を買い、ヘビロテで流しながら今この原稿を書いている。つらいとき、悲しいときほどＺＡＲＤの歌声が染み入る。ときには感傷に浸る自分がいたっていいじゃないか。心を開いて、清田くん！

自分の中でこの手の葛藤を最も抱くミュージシャンがミスチルです。歌詞をジェンダーの視点で読むと笑ってしまうほど男に都合がいい世界観なのに、聴くとすいすい心身に染み込んできて、一瞬にして「やっぱミスチルいいわ」と引き戻されてしまう恐ろしさ……。

2022年1月

コロナ禍の大学生に張り詰めた真面目さ。感心しつつ心配も

2021年の春から大学で非常勤講師をしている。知り合いの編集者さん経由で声をかけていただき、女子美術大学でデザインを学ぶ1年生の授業を、前期は週1で2コマ、後期は週2で4コマ担当することになった。これまで学園祭のイベントやゲスト講師という形で大学生と関わったことはあるが、通年で授業を受け持つのは初めての経験だ。そして先日、1年間の授業がすべて終了。緊張と試行錯誤の連続だったが、無事に終えることができてほっとしている。

自宅から電車で1時間、そこからさらにバスで25分ほど行った神奈川県相模原市に女

子美術大学はある。社会人になってからずっと自営業のような形で働いてきた私にとって、こうして本格的に電車&バス通勤するのは初めての経験だ。授業は2コマ連続で計3時間。往復の移動時間を含めると1日がかりになる。原稿の締め切りと双子の子育てに追われる私にとって、こうした〝レギュラー仕事〟に携わるのはなかなかのチャレンジだった。

私が受け持っているのは「言葉」がテーマの授業だ。デザイン学科にそのような授業があるのは、最終的にはビジュアルで表現するにしても、構想、アイデア、共同作業、プレゼンテーションなど、もの作りのプロセスには言葉を扱う力が不可欠だと大学が考えているからで、1年生の全員が必修科目として履修する。

授業内容は担当講師に委ねられており、私は「言語化」を全体のテーマに設定した。言語化とは「言葉にする」ということで、自分の中に生まれた感覚や感情、思いつきや考えなどに形を与える行為を指す。形の見えない何かの輪郭を捉える作業、とも言えるかもしれない。言葉ですべてを表せるわけではないし、言葉にすることでどこかが切り捨てられてしまったり、逆に余分なニュアンスが含まれてしまったりすることもある。しかし、そうであってもいったん言葉にしてみないことには取り扱えるものにならない。そのような考えのもと、言語化のプロセスを楽しみながら体感してもらえるような授業を用意した。

自己紹介、インタビュー、テープ起こし、言葉がテーマのボードゲーム。好きな作品を推してもらったり、単語と単語を組み合わせて新しい言葉を創作してもらったり、気になる風景をスマホで撮影し、そのとき抱いた感覚についてプレゼンしてもらったりもした。無茶振りのようなワークもあったが、みんな想像を超えるクオリティで打ち返してくれて驚かされた。大学1年生のときの自分だったら絶対にこんな応答はできなかっただろう。

でも一方で、この真面目さや器用さは何に由来するものだろう……とも思う。1クラス20人ちょっと、年間で70人ほどの学生たちと関わってきたが、全体の出席率は9割を超え、体調不良で休学することになってしまった人を除けばほぼ全員が最終課題を提出した。大学時代に怠惰を極めて1年次の単位をほとんど落としてしまった私からすると本当にまぶしいくらいだ。しかも、彼女たちは常になんらかの課題に追われており（これは美大生特有のものかもしれないが）、いつも寝不足だと言っていた。また金銭的に余裕がないためバイトが忙しそうな人も少なからずいたし、この授業は演習科目のため対面が基本だが、これ以外は新型コロナウイルス感染症対策でオンライン授業も多く、人と会う機会が少ないことに不安と孤独感を覚えている学生も多かった（地方にある実家から毎回リモートで受講している学生も一定数いた）。

彼女たちの真面目さは、おそらくそういった環境と無関係ではない。常になんらかのタスクと向き合い、小刻みにタイムマネジメントし、場面ごとに様々な役割やキャラクターを切り替える。正解（とされているもの）に早く効率的に到達することが是とされ、他者からの期待や要求を的確にくみ取る能力も求められる。あの真面目さや器用さは、そういった環境に適応する中で形成されたものではないかと感じる。すごいな、大したものだなとリスペクトすると同時に、どこか張り詰めているような印象も受け、少し心配にもなる。

毎回、授業の終わりに言語化のトレーニングも兼ねて感想シートを提出してもらっているのだが、そこには他者の考えに触れられることの喜びや、自分の知識とセンスを磨いていきたいという熱い思い、また逆に、将来への不安やなかなか自己肯定できない苦しみなどが切実な言葉でつづられており、帰りの電車で読み入ってしまう。カッコいいなと思うし、何か力になれることがあったらいいなとも思う。それは私にとって、何をすればいいのかわからず迷走しまくっていた大学1年生のときの私を抱きしめることでもあり、また、いつか双子たちが同じくらいの年齢になったときにどんなコミュニケーションができるかを想像する経験にもなっている。

これは美大生ならではなのか、感想シートにはよく私のイラストが描かれてある。教壇でしゃべる私、プリントが足りずに焦る私、モニターの接続に困る私……。また、その時々の髪形や服装なども描写されていて、こちらもまた観察される側なのだと改めて実感する。自分が「先生」と呼ばれる立場にいることにいまだに慣れないけれど、望まざるとも手にしてしまっている権限や影響力の大きさを意識しながら、言葉について、社会について、ひいては人生について楽しみながら考えるようなきっかけを提供していけたらと思う。

2023年3月に発売されたトミヤマユキコさんとの共著『文庫版 大学1年生の歩き方』（集英社文庫）にも、令和の大学生が生きる現状を踏まえつつ、迷える学生たちにありったけのエールとアドバイスを詰め込みました。よかったらこちらもぜひ。

2022年2月

今も疼く〝嫌なおじさん〟のトラウマ

先日、元東京都知事で作家の石原慎太郎氏が亡くなった。享年89歳。作家としての著作にまともに触れたことはないし、政治家としての歩みも通り一遍のことしか知らない。私は生まれてからずっと東京都民で、石原氏が都知事だった1999年から2012年は18歳から32歳だったが、お恥ずかしい話、当時は政治に無関心もいいところだった。

しかし、それでも私は石原氏が強烈に苦手だった。記者会見などの様子をニュースで見かけると胸を圧迫されるような感覚を覚えた。それはおそらく、自分の中に根深く存在する〝嫌なおじさん〟像の権化みたいな存在だったからだ。そんな彼の訃報に触れて、よみがえってきたのは個人的な記憶だった。人の死をこのような話のきっかけにしていいものかわからないが……今回は個人的にも切実な〝嫌なおじさん問題〟について考えてみたいと思う。

そもそも「おじさん」とは指し示す範囲が広く、定義もずいぶんと曖昧な言葉だ。私にとっては「偉そうで不機嫌で理不尽な、親とか先生くらい歳の離れた年配の男性」というイメージで、その原体験は中高時代の教師だった。私が通っていたのは中高一貫の男子校で、いくつかの運動部が全国大会に行くような体育会系のカラーが濃い学校だった。その中でとりわけ力を持っていたのが体育教師たちだ。

体操部の顧問だったA先生は毎朝校門の前に立ち、規定の時間ぴったりにゲートを閉め、遅れてきた生徒たちに面前で謝罪を要求した。足を蹴ってきたり、耳をつねりあげてきたり、小さな体罰が日常茶飯事だった。野球部の顧問だったB先生は常に竹刀を持ち歩いており、寡黙なヤクザみたいなオーラを放っていた。私が所属していたサッカー部をチャラいやつらと毛嫌いしており、野球部と共有している放課後のグラウンドの片隅で友達と談笑していたとき、「ふざけんなてめえら！」「真面目にやれ！」といきなり木製バットのグリップ部分で頭を殴られるということがあった。

バスケ部の顧問だったC先生は身体が大きく態度も威圧的で、話がまったくと言っていいほど通じなかった。C先生が担当する保健体育の授業で教科書を忘れ、休みの生徒の机から勝手に借りた教科書を使っていたことがバレたとき、「お前これ窃盗だよな?」「退学にするぞ」とクラスメイトの前で恫喝《どうかつ》された。元競輪選手だったというD先生は〝田舎のおっちゃん〟という感じで、体育教師の中では珍しく親しみのあるキャラクターだったが、規則違反にやたら厳しいところがあり、学ランの下に学校指定ではないベストを着ていたことがバレたとき、「脱いで職員室に持ってこい」と言われ、ホームルームの時間にハサミでズタズタに切り刻まれるということがあった。

怖くて、理不尽で、話が通じず、威圧的で、差別的で、暴力的で、おまけにいつもタバコくさい年配の男性——。いつしか私の中にはそんな嫌なおじさん像ができあがっていた。私は幼少期から父親に怒られた記憶がほとんどなく、生まれ育った下町の商店街にも仲良しのおじちゃんが何人もいた。年配の男性が怖い存在だと感じるようになったのは中高時代の経験からの影響が確実に大きい。

そして私は今、石原氏死去のニュースに触れて呼吸が浅くなるような感覚を覚えている。動悸のような胸の鼓動すら感じている。そうか、俺は体育教師から受けた扱いの数々に深く傷ついていたのかもしれない……。これを書きながら、自分の中にトラウマ（もっと言えばＰＴＳＤ？）のようなものが残っているのではないかということを初めて自覚した。

テレビで見かける石原氏はいつも不機嫌そうで、記者に対して威圧的に接し、女性や外国人に絶望的な差別発言を浴びせかけた。その一方で、橋下徹など自分が認めた〝男〟に対しては大仰な表現を用いて称賛していた（体育教師たちも模範的な生徒を比較対象にこちらをよく貶めてきた）。そういう姿を目の当たりにしたときに胸を圧迫されるような感覚がこみ上げてきたのは、あれはつまりトラウマがよみがえるフラッシュバック的体験だったのではないか（これは麻生太郎や森喜朗でも起こるものだ）。

私が石原氏に直接何かをされたわけではなく、言いがかりもいいところかもしれない。故人に石を投げるなという話でもある。しかし、思春期に接した体育教師の姿をベースにできあがった〝嫌なおじさん〟像は、その後も麻生氏や森氏といった政治家、島田紳助や小倉智昭のような大御所司会者、あるいは仕事や日常で接する無数の威圧的な年配男性などを通じて再強化されていった。それは今なお心の奥底に生傷として存在しており、石原氏の訃報、およびメディアやSNSで流れる各種のニュースによって傷が疼いているのかもしれない。

この原稿をどう締めていいのかわからない。私も40代になり、中年男性として〝嫌なおじさん〟にならないためにはどうすればいいのかをよく考える。最初はそういった問題について考察する原稿にしたいという思いもあったのだが、考えれば考えるほど、自分の中に現在進行形としてのトラウマが存在していることを実感する。

これまで体育教師から受けた扱いの数々はある種の「男子校エピソード」として笑いのネタにしていたし、当時言われた「規則を破ったお前が悪い」という言説も根深く内面化していたのだが、あれはやっぱり教師という立場を利用したパワハラ、もっと言えば生徒の尊厳や人権を踏みにじる暴力行為だったと、認識を改めてみたいと思った。私と同じような経験をし、同じような捉え方をしてきた男性も少なからずいるんじゃないかと想像する。

傷や被害を認めることは「弱い自分」や「無力な自分」と向き合うこととつながっていくため、もしかしたら男性にとって抵抗感の強い行為かもしれない。笑い話にして茶化したり、「別に大したことじゃない」と片付けたりするほうが楽と言えば楽だ。でも、その奥底には「怖かった」「嫌だった」と泣いてる自分がいる。果たして俺たちは、ネタでも自虐でもない形で嫌なおじさんにまつわる被害を認め、語ることができるだろうか。それはおそらく、ネガティブに語られがちなおじさん像の再生産を防ぐことにもつながると思うのだ。

突然ですが2023年3月現在の「トラウマが刺激されるおじさんベスト3」を発表します（この人たちが〝嫌なおじさん〟かどうかはわかりません。あくまで個人的に感情を刺激される人という意味ですので悪しからず……）。3位＝河野太郎（政治家）、2位＝坂上忍（タレント）、1位＝橋下徹（弁護士）。

2022年3月

あの頃は、それがパワハラだなんて認識すらしていなかった

双子たちが保育園でコロナの濃厚接触者となり、連休をはさんで10日間の健康観察期間が無事に明けた先日、溜まりに溜まった仕事と格闘している最中にふとSNSで「寝かせず説教」という言葉を見かけた。弁護士のしのだ奈保子さんがドメスティック・バイオレンス（DV）について言及したツイートの中にあった言葉で、「DV支援の現場ではあるあるです。これを体験している方々がいましたら、その相手とは離れてください」と注意喚起を呼びかける内容だったが、私の頭にはなぜか、20代のときに仕事で経験したつらい出来事がよみがえっていた。

それは私が駆け出しライターの頃、編集チームの一人として関わっていた書籍づくりの仕事だった。それまでいくつかの雑誌でライター仕事をしていた私は、たまたま知り合った編集者さんに声をかけられ、便利な生活雑貨を特集する書籍の制作チームに加わった。大手出版社から誘われたその仕事は、私にとって大きなチャンスに映った。

量販店を歩き回っておもしろそうな商品をリサーチし、掲載候補のリストを作る。そして量販店やメーカーに問い合わせて商品を借り、そのおもしろさが伝わるようなシチュエーションを考えて写真撮影する。さらには章立てや紹介の順番を考え、キャッチコピーやキャプションを書き、商品名や価格などの情報をまとめ、専門家にインタビューし、デザイナーとやりとりし、掲載の許可を取ったり確認の連絡をしたり……とやることが膨大にあり、商品紹介の仕事はほぼ未経験という駆け出しライターにとってかなり荷が重いものだった。そんな私を見かね、担当編集が助っ人としてチームに招き入れたのがベテランライターのAさんだった。

その人は「モノ系雑誌」を専門とする男性ライターで、自ら編集プロダクションを経営しており、そこには二人の女性ライターが社員として所属していた。経験豊富なベテランと年齢の近いライターが加わってくれたことは私にとって非常に心強かったし、実際にAさんのおかげで全体がスムーズに進行し始めた。「指導を仰いで経験を積むぞ！」と、私も当初はやる気に満ちていた。

ところがそれは次第に苦しい時間となった。Aさんの態度がどんどん威圧的になっていったからだ。進捗確認の電話に出れば必ず30分くらいライターとしての心構えについて説教され、キャプションのテキストを出せば「これどういう意図で書いたの？」「この表現で何を伝えようとしてるの？」とひとつずつ細部にわたって詰められる。徹夜明けで無精髭が生えた状態で打ち合わせに行けば「カッコいいじゃん、それオシャレでやってんの（笑）」とみんなの前で笑いものにされ、撮影で使用した商品の箱に傷がついてしまったときは「あーあ、これ弁償モノだわ」「清田くんのギャラなくなると思うよ」と脅してくる。

書籍制作が佳境に差しかかってくると、連日のように出版社の会議室に呼び出され、千本ノックのように見出しやキャッチコピーの案を考えさせられた。早ければ終電で解放されたが、始発の時間まで帰れないこともしばしばだった。書いてはダメ出しを食らい、「それでよくやっていけてるね？」と説教される。横には社員の女性たちも同席していて、「清田くんがいい案を出してくれないからこいつらも帰れないじゃん」と圧をかけてくる（今思うと、目の前で俺をいたぶることによって若い女子たちに己の権力を見せつける行為が気持ちよかったんだろうな……おっさん滅びろ！）。

あるときなどは翌日にルームシェアをしていた家の引っ越しがあり、「朝イチで業者さんが来るからいったん帰して欲しい」と頼んだものの聞き入れてもらえず、ルームメイトや会社の仲間まで総出で引っ越し作業を代行してくれるということもあった。これ以外の仕事はことごとくストップした。

今思えば、あれは一種のパワーハラスメントだったとわかる。確かに直接的な雇用関係などはなかったが、担当編集とは盟友と呼べるほどの仲だったAさんと私との間には明確な上下関係が存在していた。

でも、当時はそう認識していなかった。私は逃げ出したい気持ちでいっぱいだったが、当時はフリーランスではなく大学の同級生と立ち上げた小さな制作会社に所属しており、俺が雲隠れでもしたら我々の会社に失格の烙印が押されてしまう、ましてや相手は大手出版社であり、ここでしくじったら業界で生きていけなくなるぞ……と怯えまくっており、とにかく早く仕事が終わることだけを願って日々の業務をこなしていた。

自分にはライターとしての才能がなく、己の無能のせいで女性ライターたちに多大な迷惑をかけ、友達にも引っ越しを丸投げするなどの負担を負わせてしまった。ひたすら自分を責め続け、話を聞いてくれた女友達の前で大泣きしたこともあった。ようやく仕事が終わったあとも陰鬱《いんうつ》とした気分は続き、打ち上げの席にも出ることができなかった。「今から来なよ」「清田くん飲もうよ」と、その夜もAさんからしつこく電話やメールがあり、夜明けまで眠ることができなかった。

以上が「寝かせず説教」という言葉でよみがえった記憶のあらましだ。思い出しただけで動悸がしてくるし、そこまで苦労して制作した書籍なのにこれまで一度も読んだことがない。この原稿を書くにあたって10年ぶりくらいにAさんの名前を検索してみたら、あろうことか「安心して働ける職場」「ポリティカル・コレクトネス」といった見出しが躍る記事を執筆していて白目になった。「あのクソジジィ!」と今でもフレッシュな怒りが湧いてくるものの、向こうにとっては記憶にすら残っていないかもしれないことを思うと非常にやり切れない。

しかし、こういったことは決して私だけの経験ではないはずだ。映画、テレビ、演劇など、制作の現場で行われていた性暴力やハラスメントに関する被害告発があとを絶たないが、私が働く出版の世界ももちろん無関係ではない。当時とはだいぶ空気も変わり、Aさんもなんらかの変化の必要性を感じたからこそポリコレの記事などを書くようになったのだとは思うが、私も業界の中堅となり、若い世代と接する機会も増えている今、マッチョで暴力的な体質や構造を再生産させないために知識と学びを深め続ける必要がある。そのために役立てることができたら、ようやくこの記憶が「思い出してもつらくないもの」になってくれるような気がする。

今思うと、特に駆け出しの頃はひどい扱いを受けることが多く、打ち上げの席で一発芸を強要されたり、千円にも満たないギャラで記事を書かされたり、命の危険すら伴いかねない取材に行かされたり……。あのおじさんたちのすべての毛根が活動を停止し、保有しているすべての株が暴落し、これから渡る信号のすべてが赤になりますように。

2022年4月

ひとりの性暴力被害者が法廷で訴えた言葉の重み

先日、NHKのサイトに掲載された「性暴力を考える」取材班による「〝性暴力〟裁判　被害女性が語った15分のことば」というタイトルの記事が話題になった。性暴力事件の被害者である20代の女性を取材し、彼女が法廷で語った意見陳述の全文掲載と合わせてまとめたレポート記事だ。

女性はある日の深夜、自宅に侵入してきた見知らぬ男から性暴力を受けた。事件の詳細は記事を検索して読んでもらえたらと思うが（性暴力の具体的な描写も出てくるためフラッシュバックなどの症状がある方はくれぐれもご注意ください……）、加害者に、裁判官や裁判員に、そしてこの社会で暮らすすべての人に、性暴力がいかに卑劣な行為で、いかに被害者の人生を崩壊させてしまうものであるかを認識してもらうべく、本当に想像を絶する覚悟を持って裁判にのぞんだであろう彼女の言葉はとてもとても重く、読後しばらく立ち上がることができなかった。

そこで語られていたのは、性暴力の根源的な実態とも言うべきものだ。罪に問われるのは直接的な加害行為の部分だけかもしれないが、被害者が経験する苦しみはもっともっと複雑で幅広いものであることが生々しく伝わってくる。

表面的な反省の弁しか述べない加害者。被害を低く見積もろうとする弁護側の主張。ひとりの人間を刑務所に入れることとの葛藤。出所後に復讐されるのではないかという恐怖。直後に被害者が取った行動がひとつでも異なっていたら被害の存在を立証することすら難しかったであろうこと。性暴力が被害者の日常を一変させてしまうものであること。家の中のドアを開けることすら恐怖になるなど、安心や信頼の基盤が根底から壊されてしまうこと。その後のキャリアも大きく変えられてしまったこと。それによる経済的損失だって相当なものであること。家族やパートナー、友人や仲間たちが抱えることになった悲しみや苦しみ。以前のように楽しんだりすることができない虚無感。心ない人たちから受けるセカンドレイプ。被害者を保護し、支援する社会制度の脆弱さ。現状の司法の枠組みではどうにもできないことがあまりに多すぎること。「尊厳を奪われる」とはどういうことなのか。「人間として扱われない」とはどういう状態なのか。あらゆる性暴力が地続きのものであること。そのほとんどが罪にならず、「しょうがないこと」「よくあること」で片づけられてしまう現実。社会がそれらを見逃し、加害者を許し続けていること——。

なぜ、女性の見た目でいるだけで、このような暴力や見えにくくされている差別に晒され続け、社会はそれを見逃し加害者を許し続けるのでしょうか？　みんな酷いと思っているのに、そう言葉にはするのに被害者を救えないのは、社会構造の問題です。だから、社会構造を変える一歩として、メッセージとして、ここで正当な判決を出してください。過去の判例に従うのみで事務的な判断をするのならば、これからも加害者を許し続ける、性暴力をしょうがないこととして見逃し続ける社会を選択するということだと考えます。裁判官のみなさまは、法律については専門家です。でも、ジェンダーや性暴力の問題については、まだまだ実情を知らない部分もあるのだと、心に留めていただきたく思います。

（「〝性暴力〟裁判　被害女性が語った15分のことば」／『みんなでプラス』２０２２年4月15日より）

性暴力の背景には、この男性中心社会に根深く浸透する性差別的な価値観が存在しており、それは私たち――とりわけヘテロセクシュアル（異性愛者）でシスジェンダー（出生時に割り当てられた性別と性自認が一致）の〝マジョリティ男性〟にとって無関係の問題ではないはずだ。特に彼女が「認知の歪み」という言葉で表現していた部分は衝撃で、そこには女性に身勝手な幻想を押しつけ、強制性交すら「暴力」だと認識しない男性の姿が描写されていた。そして悲しいかな、こういった発想は決してこの加害者独自のものではなく、この社会に生きる男性たちに埋め込まれているジェンダー観と地続きのものだろう。

彼女のコメントには「加害者がどんなに長い刑期になったとしても、自分がしたことに向き合って更正しなかったら意味が無いと思っています」ともあったが、ここで言われている「向き合う」とはおそらく、自分自身の根っこにある価値観や認知の枠組みから見つめ直していくことを意味しているのではないだろうか。それは加害者だけでなく、私たちにとっても必須の行為ではないかと思う。そして個々人で改められるところは改めつつ、同時に性やジェンダーを含む「人権教育」を社会全体で押し進めていく必要を痛切に感じる記事だった。

被害者女性は思いの丈《たけ》を法廷で語り、一審では検察の求刑通りの判決が下った。加害者からも謝罪の言葉が出たようだが、それでも減刑のために控訴し、争いはこれからも続くという。彼女が経験したことを肌感覚で理解することなど到底できないが、性暴力の被害者の目に映っている景色の一端を垣間見ることはできるはず。決死の思いでつづったであろう彼女の言葉にぜひ触れてみて欲しい。

彼女は2021年に「性暴力被害者支援情報プラットホーム・THYME《タイム》」を立ち上げ、「性暴力被害によって未来の選択肢を奪われない社会」を目指して情報発信を続けています。被害に遭ってしまったときの行動をはじめ具体的な情報が多数掲載されているので、こちらもあわせてご覧になることをオススメします。

2022年5月

「暴力とコミュニケーションが紙一重」の領域で傷つく男性たち

ここ数年、男性の「被害」や「傷つき」をテーマに取材を進めている。私がジェンダーの問題に興味を持つようになったのは、桃山商事で行っている恋愛相談や恋バナ収集の活動がきっかけだ。そこでは彼氏や夫、仕事相手や婚活で知り合った人など、男性との関係に悩む異性愛者の女性から話を聞く機会が多く、必然的に男性のネガティブな言動にまつわるエピソードを見聞きすることになる。そういう中で「なぜ男たちはそういった振る舞いをしてしまうのだろうか」「でも自分自身にも思い当たる節があるぞ……」「我々はこれらとどう向き合っていけばよいのだろうか？」といった思いが募り、それが『よかれと思ってやったのに』『さよなら、俺たち』という2冊の自著につながった。

これらはどちらかというと男性の〝加害者性〟にフォーカスしたものだ。女性に対する無知や無理解、無自覚のハラスメント、性役割の押しつけ、性差別的な行動や価値観、甘えや幼児性、性的な搾取、横暴な振る舞い……などなど、「傷つける側」や「足を踏んづけてしまっている側」としての側面と向き合い、個人的な経験も踏まえながらその原因と対策について考える内容だった。

しかし、当たり前の話だが問題はそんなにシンプルではない。男性だからといって常に加害者側にいるわけではないし、傷つけられたり被害を受けたりという経験も当然ながらたくさんある。2021年の暮れに刊行した『自慢話でも武勇伝でもない「一般男性」の話から見えた生きづらさと男らしさのこと』は、長いタイトルの通り、著名人でも専門家でもない、パッと見は〝普通の男の人〟と目されそうな男性たちに身の上話を聞かせてもらい、そこから見える男性性の問題について考えた本だ。そこで印象的だったのは、彼らが「男同士の関係の中で起きた暴力」に結構な割合で傷つけられていたことだ。

例えばDVの加害経験を語ってくれた男性は子どもの頃、野球のボールを上手にキャッチできなかったときに父親から「お前全然ダメだな」とあざ笑うように言われたことが深い傷となっていた。また低身長とコミュニケーションに対する苦手意識がコンプレックスになっていた男性は、たびたび小馬鹿にするような態度を取ってきたクラスメイトの男子に対する怒りが今でも消えないと語っていた。このように、暴行やいじめ、しごきや差別、パワハラやセクハラなど、受けた当人も「暴力被害」と認識しているものもあれば、イジりやからかい、煽りや圧力など、ノリや冗談といった文脈の中で行われる「被害と認識しづらい傷つき体験」もあった。

取材ではそういったエピソードをたくさんの男性から聞かせてもらっていて、ここでいくつか事例を紹介してみる（暴力的な描写が数多く含まれるので、フラッシュバックなどの危険性がある方はくれぐれもご注意くださいませ……）。

- 中学生のとき、テニス部でペアだった人からミスをなじられ、ビンタされた
- 会社の上司に風俗へ連れて行かれ、嫌がったら「お前ホモか？」と笑われた
- 体育でマット運動ができず、「運動神経悪い芸人」扱いされてつらかった
- わざと知らない話題を振られ、会話についていけないことをバカにされた
- 小学校でクラスメイトから嫌なあだ名をつけられ、ずっとイジられていた

・遊びのノリで女子トイレに入らされたり、プールで沈められたりしていた
・体毛が濃いことをイジられ、会社の飲み会で胸毛を見せるネタを強要された
・体育の授業中にいきなりズボンを脱がされ、女子の前で股間を晒された
・肩パンなど罰ゲームが怖かったが、嫌がると寒い空気になるから耐えていた
・合コン中に男友達から風俗通いの話を女性たちの前でバラされ、腹が立った

手元のリストには、こういったエピソードが100例近く並んでいる。個人的に既視感のあるものも多く、読みながら様々な記憶の扉が開いていく。明らかな暴力やパワハラの事例もあるが、戯れやじゃれ合いの延長みたいな感じでなされているものも多々あり、それを「被害」や「傷つき」という言葉で認識することはなかなか難しい。

臨床社会学の専門家であり、長年DV男性の加害者更正プログラムや支援活動に携わるなど、理論と実践を往復しながら「男性性と暴力」の問題を研究してきた立命館大学の中村正さんは、『よかれと思ってやったのに』にも収録したインタビューの中で「明確に暴力とは言いにくいんだけど、競争なのか友情なのか暴力なのかよくわからない、まだ名づけられていない領域が男同士の関係にはあるんじゃないか。暴力とコミュニ

ケーションが紙一重な環境の中で男子は自己形成をしていくんじゃないか」と語っていた。この「暴力とコミュニケーションが紙一重」な領域で起こっていることについて考えてみたいというのが、一連の取材の大きな目的だ。

書籍化を念頭に取材や執筆を進めているが、まだまだ序盤であり、考えがまとまっているわけではは正直ない。しかし、これまでなかなか言語化されてこなかった男性同士の関係性が少しでも見えてきたらいいなと思うし、また男性たちの中には加害者性と被害者性が複雑に絡まり合っており、「自分はこれだけ我慢してきた」「こんなんで傷ついてたらやっていけない」「これぐらい乗り越えられてこそ男だ」といった発想で加害が再生産されていく構造もある。

傷ついている自分と、傷つけてしまっている自分——。男性性の問題を考えるためには、その両方の側面から眺めていくことが大事ではないかと考えている。ちなみに先に紹介した事例の最後のふたつ、肩パンなどの罰ゲームに嫌がりつつ耐えていたのは私だが、合コンで男友達の風俗体験をバラしてしまったのも私だ。ばらばらの体験が根っこでどのようにつながっているのか、当事者としても言語化を進めていかねばならない。

たくさんのエピソードは集まっているものの、今のところなかなか考察が進められずにいます。「確かに嫌だなって気持ちはあったけど、楽しかった部分もあった」「こういうコミュニケーションをやめたら、男友達とどう接すればわからなくなりそう」といった声も多く、男同士の関係の中で起こった傷つき体験が単なるネガティブな経験として位置づけられないことが、難しさの中核にあるような気がしています。

2022年6月

政治と生活が地続きだったなんて30歳になるまで知らなかった

２０２２年６月20日に開票が行われた東京都杉並区長選挙にて、無所属・新人でＮＧＯ研究員の岸本聡子氏が現職の田中良氏を破って当選を果たした。私も杉並区民として一票を投じ、朝から開票速報にかじりついていたが、序盤からずっと横並びで最後の最後まで結果がわからず、最終的にわずか１８７票差での決着となったこの選挙は、本当に手に汗握るものだった。

ジェンダー平等や情報公開の重視を基本姿勢に、子育て支援にも意欲的で、徒歩や自転車で移動しやすい街づくりの推進なども公約に掲げる岸本氏の政策は私にとって魅力を感じるものだった。何度か演説を聞きに行き、ＳＮＳでも情報拡散をするなど、微力ながら応援していた岸本氏が当選を果たしたのは率直にとてもうれしい。しかし、当然ながら選挙は始まりに過ぎない。「わーい、推しの候補が勝った！」で終わらせず、一人の市民として政治に対する関心や問題意識を持ち続けていかねばと考えている。

私は長らく政治に無関心な人生を送ってきた。選挙権を得たのはちょうど２０００年のことだったが、最初は総理大臣が誰なのかもろくに知らず、ほどなくして〝小泉旋風〟が巻き起こり、「テレビでよく見かける政治家＝強い政治家」くらいの極めて雑な理解で生きていた。大学生だった２００１年9月11日にアメリカ同時多発テロ事件があり、そこからアフガニスタン戦争、イラク戦争へと展開していき、たまたま受けていた授業の一環で反戦デモにも参加したが、「ちょっと苦手なノリだな」「まわりの人に見られたくないな」「なるべく歩道側に立たないようにしよう」などと考えながら歩いていた。政治は自民党がするものだとナチュラルに思い込んでいたし、選挙の争点も各党が打ち出している政策もまったく知らず、投票にもほとんど行ったことがなかった。

そんな20代を経て、２０１１年3月11日に東日本大震災が起きた。私は30歳になっていた。大地震とそれに伴う原発事故の影響で暮らしの景色が一変し、それまで漠然とした存在であった「国」とか「自治体」といったものが、実は自分の生活と地続きのものであったことを初めて実感した。さらに、ちょうど同時期に大きな失恋を経験し、その原因が結婚をめぐるすれ違いだったこともあり、仕事やお金のこと、価値観や人間関係など、様々なものを見つめ直さざるを得なくなった。私の政治に対する関心は、そういう中でようやく芽生えたものだった。

自分なりにいろんな本を読み、いろんな人と語り合った。そしておぼろげながら見えてきたのが、政治にはどうやら〝大きな方向性〟みたいなものが存在しているということだった。「法律や制度を変えたり作ったりすることで社会をある方向へ導こうとする思惑」と言い換えてもいいかもしれない。

例えば私の実家は東京の下町にある商店街で電器屋を営んでいて、１９８０～90年代は商店街が活気に溢れ、バブルの時代には子どもの目にも景気の良さがわかるほどだったが、２０００年代に入り、国道沿いに次々とオープンする大型量販店に客足を奪われて見る見る活気を失い、２０１０年代には完全なるシャッター商店街と化した。また私はいわゆる「ロストジェネレーション」と呼ばれる世代で、就職は最初から諦めていたし、ライターとして出版業界の端っこで働き始めてからもいつ食いっぱぐれるかわからない状態が続き、貯金など夢のまた夢だった。町の電器屋なんて時代遅れで、真面目に就職活動をやらなかった自分は貧乏になって当たり前……と思い込んでいたのだが、この状況は、もしかしたら政治の影響も大きいのかもしれないと考えるようになった。

というのも、シャッター商店街化した背景にはゼロ年代に小泉政権が声高に叫んでいた「規制緩和」とか「構造改革」といったものが具体的に関与しており、何かと「自己責任」だと考えてしまう自分自身の発想も、実は政治家やメディアが発していた新自由主義的なメッセージを素直に吸い込んだ結果だったと、様々な本や映画に触れる中で気づかされたのだ。そもそも政治に関心を持てなかったのも、「政治に頼るな」「自分自身でなんとかしろ」という時代の空気を内面化した結果だったのかもしれない。

その時代の政治のすべてが悪いという話ではもちろんない。しかし、大きな組織や強い個人が勝ち続けられる方向にルールを変えていき、そこで敗れてしまった者にも自己責任意識を植え付ける。大衆を管理しやすい仕組みを整え、家父長制的な世界観に基づく家族像を「望ましい姿」として広めていく――。この国の政治は、そういったグランドデザイン（＝大きな方向性）を共有している人々の手によって行われてきたのではないかと私は感じていて、それが今後もますます先鋭化していくかもしれないことに強い危機感と恐怖を抱いている（強引にも映るマイナンバー制度の推進や、何かと「閣議決定」で押し通してしまう政治姿勢、基本的人権を「永久の権利」と定めた第97条の削除を目論《もくろ》む自民党の改憲草案などはその最たる例だと感じる）。

各政党や各候補が訴えている政策には様々なものがある。それらを一つひとつ理解していくのは簡単なことじゃないし、もちろん選挙のみならず日頃から政治がどのように動いているのかを見つめていく必要もあり、コミットしていくだけでもなかなかに大変だ。個人的にはジェンダー平等の問題に興味があり、選択的夫婦別姓や政治参画の男女同数を意味する「パリテ」などに意欲的な政党や候補者を応援しているが、例えば安全保障や経済政策に関する知識はまだまだ不足しているのが正直なところで、広い視野で政治のことを考えられているわけではない。自営業者としての立場で見たら、候補者たちの掲げる政策がまた違ったものに映るかもしれない。

国や自治体と自分の暮らしは確実に地続きであり、誰にとっても他人事ではいられない問題だ。だから投票率も上がって欲しいし、日常的に政治の話ができるような社会になって欲しい。かつて無関心のまま不本意な方向に流され続けていた人間として、強くそう思う。

岸本区長にはその後、縁あって『仕事文脈』（タバブックス）という雑誌でインタビューする機会をいただきました。「個人個人の抱えている問題意識を政治につなげていきたい」「公園やベンチなど街に人々が居られる場所を増やしていきたい」「マッチョな政治のあり方を問い直していきたい」など、勇気をもらえるような話をたくさん聞けて泣きそうになりました。

2022年7月

新興宗教をめぐる個人史は、元首相銃撃事件と自分をつなぐ糸

2022年7月8日、奈良市で安倍晋三元首相が参院選の応援演説中に銃撃され、死亡する事件が起きた。逮捕された山上徹也容疑者は、「母親が旧統一教会に多額の寄付をし、家庭が崩壊した」「(この団体と)安倍元首相がつながっていると思ったから狙った」という趣旨の供述をしているという。元首相が殺害されたことの社会的影響や、犯行の背景に複雑すぎる事情が絡んでいることなど、あまりにこの事件が衝撃的でひたすら呆然とするばかりだが、一連のニュースに触れる中で思い出したのは、新興宗教をめぐる個人的な体験の数々だった。

私は下町の商店街で生まれ育ったが、すぐ近所には某有名宗教団体の道場があった。商店街の人々から「拝み屋さん」と呼ばれていたその道場には、毎日たくさんの人が出入りしていた。週末には子連れの家族も多く集まった。みんな朗らかな雰囲気で、隣接する路上でボール遊びをしていた我々近所の子どもにも親切にしてくれたが、窓の隙間からは一心不乱に手を合わせ、大きな声で何かを唱える人々の姿が垣間見え、その光景は幼心に不気味なものとして映った。

それがある種の原体験となり、私の中に「新興宗教は怖いもの」というイメージが醸成されたように思う。そして、それを決定的なものにしたのが１９９５年3月20日に起きた地下鉄サリン事件だ。

そのとき私は中学2年生で、終業式があるため朝から学校にいたが、ニュース速報が出るや否や学内が騒然となった。早めに帰るよう指示され、友達と一緒に帰路についたが、親や近所の人から事件の詳細を聞き、本当に足のすくむような恐怖を感じた。なぜなら、サリンがまかれた電車のひとつである地下鉄千代田線は、その朝まさに自分が利用していた路線であり、しかも犯人の一人が乗り込んだのは、私が毎日電車の乗り降りをしていた北千住駅だったからだ。

乗る電車が少しずれていたら自分も……という恐怖は強いトラウマとして残った。その日から電車で不審な人や荷物を見るにつけ、全身に緊張感が走ってすぐに車両を移動する癖がついた。また大人たちも相当心配だったようで、隣の薬局のおじさんが携帯用の防毒マスクを仕入れてくれ、それを自分のカバンに入れて持ち歩いていた。その後、一連の犯行がオウム真理教によるものだったことが判明し、5月16日には日本中がテレビの生中継にかじりつく中、山梨県上九一色村《かみくいしき》にある教団施設「第6サティアン」に身を隠していた教祖の麻原彰晃が逮捕された。

新興宗教に対する恐怖はその後も消えず、大学では入学するなり「サークルの勧誘を装って近づいてくるカルト教団がたくさんあるので注意するように」と勧告を受け、恐怖のあまり新歓コンパに一度も参加することができなかったし、ちょうど当時『週刊ビッグコミックスピリッツ』（小学館）に連載されていて、カルト教団をモチーフにした浦沢直樹さんのマンガ『20世紀少年』も毎週怯えながら読んでいた。

その一方で、新興宗教を興味本位でおもしろがるようなマインドも芽生えていて、疎遠になっていた高校時代の先輩から「今度の選挙は○○党に入れてよ」と電話が来てびっくりし、友達と「そっちにも連絡あった？」「先輩の様子やばかったね（笑）」などとキャッキャ盛り上がったこともあれば、幼馴染みと一緒に潜入取材を気取り、有名な宗教団体の施設に信者のふりをして忍び込んだこともあった。

幼少期から思春期にかけてインストールされた恐怖がベースにありつつ、こういったいくつかの体験を通じ、猜疑心《さいぎしん》や警戒心、無知や偏見、よこしまな興味など、様々なものが入り交じりながら形成されてきたのが私の新興宗教に対するイメージだったように思う。

その後、宗教団体を脱会した経験のある人や、親が熱心な信者だという〝宗教2世〟の人などに話を聞く機会にも恵まれたが、親切で世話好きな信者たちのコミュニティによって深い孤独が癒やされたという話もあったし、そうやって人間関係で囲い込みながらじわじわ勧誘していくのが常套手段だという話もあった。一心不乱にお経を唱えるうちに心身がハイな状態になり、不安や心配から解放されるのが醍醐味だという話もあれば、寝不足やトランス状態などあえて身体を極端なコンディションへと追い込み、思考が働かない状態にして教義を刷り込んでいくのが洗脳のメカニズムだと説明してくれた人もいた。

山上容疑者の犯行は決して許されるものではない。しかし、「そんなことを言ったところでただのきれいごとにしか聞こえない」と感じてしまうほど、報道から伝わってくる彼の人生は壮絶だ。政治と宗教をめぐる問題はあまりに複雑で、シンプルなストーリーで説明することなど到底できるわけがない。しかし、旧統一教会に人生を破壊されたと感じている彼にとって、自民党と教団との浅からぬ関係がとてつもなく重い意味を持っていた可能性は否定できない。

自分にも国民のひとりとしてこの問題と向き合う責任がある……とまで言ってしまうのは極めて不遜な考えのように感じるが、かと言って自分と切り離して眺めていればいい問題だとはどうしても思えない。今回はその足掛かりとして新興宗教をめぐる個人史を振り返ってみたが、まだまだ距離は果てしない気もする。

また、この原稿では事件などにフォーカスする形で宗教を〝怖いもの〟として扱ってきたが、当たり前の話だがそれが宗教のすべてではない。幸福、孤独、不安、信仰、コンプレックス、居場所、お金、性、人間関係、歴史、哲学、権力、ジェンダー、政治……などなど、宗教とは様々な問題が含まれている根源的なテーマであるはずだ。各々が自分と宗教をつなぐ糸をたぐり始めてみることこそ、元首相の銃殺という大事件を見つめ直すきっかけになると思うのだ。

旧統一教会をめぐる一連の報道が影響してか、日常でも宗教の話題が昔よりしやすくなったように感じます。先日も取材で「恋人にプロポーズしたいが、自分の実家が新興宗教の信者なのでそこが気がかり」といった話を聞きましたが、恋バナ収集の現場でも宗教が関係しているエピソードを耳にする機会が心なしか増えている気がします。

2022年9月

「お茶する」ことの醍醐味、ガールズトークの文化に学んだこと

最近、立て続けに友人知人とお茶する機会に恵まれた。夏にコロナ感染してしまってボロボロになった生活と仕事をひと月くらいかけてなんとか立て直したあと、元から予定していた知人との約束や、観劇の際に友人とばったり会う偶然が続き、一緒にお茶することの喜びを噛みしめている。

ここで「お茶する」という言葉で表現しているのは、特別なテーマや目的もなく、近況とか気になることとか身の上話とか、とにかく思いつくままおしゃべりを楽しむ、そのようなコミュニケーションのことだ。こう書くと普通のことに感じられるかもしれな

いが、私がこの感覚を身につけたのは30代になってからのことだったように思う。

では、それまでの自分は周囲の人とどう関わっていたのか。明確に自覚できるのは高校生になって以降のことで、中高一貫の男子校に通っていた私は、空気のように蔓延する競争的なコミュニケーションに煽られていた。話を振られたらボケる、友達の発言にツッコミを入れる、誰かをイジって笑う、先生を茶化す、注目を集めるため突飛な行動に出る……など、「おもしろいことを言わなきゃ」「変なことをしなきゃ」と必死に頑張っていた。

笑いが起きればそれは「良いコミュニケーション」で、みんなで空気を読み合いながら、お決まりのパターンに頼ったり、割り当てられたキャラクターに則《のっと》って振る舞ったりする。輪の中心にいないと発言の機会が回ってこないこともザラで、ボケやツッコミを挟むチャンスを虎視眈々と狙う。そういった空気の中では、人の話をちゃんと聞くということも、自分の話に耳を傾けてもらうということも、ほとんどない。男子校でそういったコミュニケーション様式に浸りきってしまった私は、大学でもバイト先でも、恋愛でも友人関係でも、そのような感覚をベースに人と関わっていたように思う。

社会人として働くようになってからも、飲み会で仕事のつながりが生まれるようなところが多々あり、男性社会的な色合いの濃かった出版業界の仕事の場では、そうした瞬発力を問われるコミュニケーションがむしろ役立つスキルとなり、特に疑問を持つことなく過ごしていた。しかし、桃山商事の活動や30歳のときに経験した失恋、その頃から時間を費やすようになった女友達との語らいなどを通じ、自分のコミュニケーション様式に大きな変化が生じた。とりわけ革命的だったのは、話を「聞く」ことのおもしろさや重要性を知ることができたことだ。これはいわゆる「ガールズトーク」の文化に学んだ部分が大きかった。

女友達が繰り広げる会話に耳を傾けていると、とにかく話があちこちに飛ぶ。脈絡のない話題が次々飛び出してくるような印象で、それで内容がちゃんと理解できるのか、そもそも楽しいものなのか、昔はよくわからなかった。なんなら「女って人の話を聞かないよな」くらいに思っていたのだが、そうでは全然なかった。

一見カオスに思える話題は、実はシナプスが連結するようにどこかの点でつながっていて、関係ないように見えて実は関係ある話をしている。「それな」という言葉が表現しているような〝わかりみ〟のシェアと言えばいいのか、あるいはクオリア（感覚的・主観的な経験に基づく独特の質感）的つながりとでも言うのか、とにかく「その感じ、なんかわかる！」という感覚を連ねていくようにおしゃべりを続けていく。それはむしろ相手の話をちゃんと理解していないとできないことで、そのメカニズムに気づいたときは結構な衝撃を受けた。「コミュニケーションってこういうことを指すのかもしれない」「俺が今までやっていたのはコミュニケーションではなくプレゼンテーションだったのかも」と考えを改めざるを得なかった。

友達とふざけ合うことや、お酒を飲んでわいわいはしゃぐことは、確かに楽しい。それを否定したいわけでは全然ない。でも多分、そこでは本当の意味での〝話〟はしていない。私の奥底には「俺のことをわかって欲しい」という思いが沈殿していたが、当時はその欲求があまり満たされていない感覚があった。それは相手の話を聞いていないからだった。

相手の話に耳を傾け、内容を理解し、その人に見えている景色を少しずつ共有していくと、「その感じ、なんかわかる！」と、自分の中の記憶や感覚が呼び起こされる瞬間が訪れる。それを相手に伝え、理解してもらえると、不思議といい気持ちになる。感情が言語化されたり、記憶が整理されたり、自分を再発見したり、考えがまとまったり、不思議と孤独が癒えたり、不安がやわらいでいったり……。互いの内側にあるものを共有し、理解を深めていく過程で味わう様々な感覚こそ、「お茶する」という行為の、ひいてはコミュニケーションそのものの醍醐味だと私は学んだ。

久しぶりに会った知人との会話では占いやお金の話題が飛び交った。詩を題材にした演劇を見たあとになぜか「またみんなで旅行したいね〜」と盛り上がり、戦争を描いた舞台を見たあとは政治の話や転職の話題で持ちきりだった。話が多岐にわたりすぎてあとから思い出せないこともザラだけど、そこで編まれたシナプスの網はハンモックのように心地良く、また層のように重なって自分という人間を構成していく。……と、なんだかずいぶん大げさな話になってしまったけど、とにかくお茶することの楽しさが少しでも伝わっていればうれしい。

コロナの感染リスクは今なおゼロになったわけではありませんが、それでもこの頃に比べればずいぶんお茶しやすい状況になってきましたね。子育てや仕事など、どうしても日々のバタバタに追われがちになりますが、「お茶すらできない人生なんて！」と心に刻み、仕事を上手にセーブしながら友人知人とのお茶ライフを楽しんでいきたいと思います。

おわりに――自分の話をしちゃいけない国で

本書の元となる連載がひと区切りしてから結構な時間が経った。季節は初夏となり、年明けしばらくは違和感のあった「2023年」という響きにもすっかり慣れた。コロナ禍はまだまだ終わったわけではないが、いろんなことが少しずつ解禁されているような、あるいはうやむやになっているような空気の中で私たちは日々を暮らしている。

時評として書いてきたエッセーを一冊の本にまとめるのはとても難しい作業だった。扱った情報は古くなっていくし、社会の状況も刻々と変化している。「これをこのタイミングで本にする意義はあるのだろうか……」と考え始めて作業の手が止まる瞬間も多々あった。タイトル決めも迷いに迷うなど、想定よりもずいぶん時間がかかってしまったが、もしかしたらこれは、この社会で今後ますます重要になってくるテーマを扱った本になったのではないかという思いも正直ある。それは「自分の話をする」ということだ。

この本では「ジェンダー」をひとつの軸に、暮らしの中で抱いたモヤモヤ、政治やメディアに覚えた違和感などの言語化を試みてきた。どのエッセーにも一応テーマはあったが、結局のところ私は個人的な身の上話ばかりしていたような気がしなくもない。いや、拙著『さよなら、俺たち』も自分のことばかり書いた本だったし、なんの資格も専門知識も持ち合わせていない書き手の私には、そもそも自分の話くらいしか書ける題材がない。でもそれは、私にとって生きていくために必要なことだったし、大げさに言えば、令和の日本を生きる私たちに最も不足しているものではないかと、かなり本気で思う。

この国で自分の話をすることはとても難しい。周囲から「自意識過剰」「自己中」「自分大好き」「空気の読めないやつ」などといった印象を持たれかねないし、私たちの中にも「ウザいと思われたらどうしよう……」という恐怖心が内面化されている。「役立つことを言わねば」「手短に話さねば」「わかりやすく伝えねば」といったプレッシャーを抱えながらじっくり自分の話をするなんてまず無理だし、バラエティー番組のようなコミュニケーション様式が浸透している中にあっては、許されている自分語りは「すべらない話」のようなものがせいぜいで、エピソードとしての完成度を問われるシビアな風潮も存在する。

だからみんな自然と萎縮してしまい、与えられた役割やキャラクターに則ってノリや文脈を壊さないよう気をつけながら不文律のテンプレートをなぞっていく。ボールをパスし合うように会話が進み、ボケやツッコミ、イジりや茶化しなどで笑いが生まれれば一件落着。誰かが役立つことを言って「へえ〜」となればそれもまたよし。一方、不和や対立は御法度ゆえ、違和感を持ったとしても反論や異議申し立ては許されない。だから自分を主語にすることを避け、データやエビデンス、誰かの意見や識者の見解といった外部情報に寄りかかる。「それってあなたの感想ですよね？」が権力と説得力を持ってしまったこの国で、自分の意見や経験、思ったことや感じたことを口にするのは至難の業とすら言える。

私は大学時代に雑誌を作るサークルに入り、文章を書くことの楽しさを知った。就職氷河期だったこともあって最初から就活は諦め、そのままサークルを法人化して出版業界の片隅で働き始めた。運と縁に恵まれ様々な媒体で記事を書く仕事を経験させてもらったが、「ライターは自分の意見を書いてはならない」「素人の自分語りなど誰も求めてない」と業界の先輩たちから徹底的に刷り込まれた。関心あるテーマのときには原稿に私見を入れたり、事例として自分の体験談を書いたりしたこともあったが、ベテランの編集者たちから「筆が乗っちゃったの？」と鼻で笑われたり、「調子に乗ってんじゃねえよ」と怒られたりする中で、いつしか「俺の話にはなんの価値もないんだな」という意識を持つようになった。

どうなんだろう、これってどちらかと言うと男性的な問題なのだろうか……。女性同士の関係を見ていると、そこには「お茶をする」という文化があり、近況報告や愚痴のこぼし合いなど、互いに自分の話をしているような気がしなくもない。しかし、桃山商事の恋愛相談に来てくれた女性たちは「自分の話ばかりしちゃってすいません」と口を揃えて言う。「でも、じっくり話を聞いてもらってスッキリしました」という言葉もよく聞く。手持ちの時間を気にすることなく、気遣いや申し訳なさが解除された状態で、思ったことや感じたことを少しずつ言葉にしていくような自分語りの機会が持てないのは、やはり性別に関係なく存在する問題ではないか。

日本は同調圧力の強い社会だと言われる。空気を読む力が必修科目のようになっているし、個を抑えて全体に奉仕する態度が是とされ、主張や要求は「わがまま」と受け取られてしまう。そういった風潮に、ここ20年くらいで社会の隅々にまで浸透した新自由主義的な価値観が輪をかける。無駄の削減、生産性の向上、時間の有効活用といったお題目が掲げられ、目標を定めよ、自己投資をせよ、価値ある人材を目指せとお尻を叩かれる。「もっと速く」「もっと多く」「もっと高く」と際限のない努力を強いられ、失敗はすべて自己責任。そういった圧力が万人に降りかかるとともに、内面化されたそれらによって個々人が自らを、そしてお互いを厳しく見張ってしまう状況こそ、私たちが生きるこの社会の現在地ではないかと思えてならない。

自分の話をすることは、私にとって「生きていくために必要なこと」だったと先に述べた。ここで言う「自分の話」とは、鉄板のネタとか、おもしろエピソードとか、自慢話とか武勇伝のような類いのものではない。何かを見て、自分がどう感じたか。何かに対し、自分はどう考えているのか。そういう、他でもないこの私自身の内側に発生した思考や気持ち——別の言い方をすれば〝私の感想〟について、なるべくしっくりくる言葉で言語化していくことを指す。それをしないで、私たちはどうやって自己理解を深めていけばいいのだろうか。どうやって他者を知り、どうやって社会とつながっていけばいいのだろうか。自分の話をしちゃいけないと、国が大っぴらに禁じているわけではもちろんない。でも、何かを言えば「大丈夫かな?」「これで合ってるかな?」という思いが湧いてきて、油断すると心身が乗っ取られそうになる。私自身、この本にさんざん自分の話を書いたが、いまだに「こんなもの誰が読むんだろう……」という思いが頭の片隅からどいてくれない。

しかし、自分が感じたことや思ったことを言葉にし、誰かに読んだり聞いたりしてもらうという行為は、どう考えても不可欠なものだった。それはセルフケアでもあり、孤独を癒してくれるものでもあった。そのおかげでハードな2年間を生き抜くことができたような気もする。身近な人たちの話を聞く余裕がなかったり、すべてをネガティブに受け取ってしまったり、幸せそうに見える人に嫉妬心を抱いてしまったり、SNSで誰かに絡みたくなったりすることは今でも全然あるが、自分の話すらできない日々を送っていたら、嫉妬やムカつき、自責や自罰の沼にもっともっとハマり込んでいた可能性が高い。

みんなが安心して自分の話をできる社会とは、言い換えれば「あなたの話を聞かせて」という声に溢れた社会のことだ。そこでは語り合いの持つ「人と人をつなぐ力」が存分に発揮されるだろう。なんでもいいからおしゃべりしようよ。まずはAIに話しかけてみるのもありかもしれない。目的もなく、記録にも残らず、お金にだって換算されないようなおしゃべりの堆積こそ、やさしい社会を作り上げていくための礎《いしずえ》になると私は思う。

最後に、共同通信社の森原龍介さん、朝日出版社の平野麻美さん、仁科えいさん、デザイナーの田中久子さん、イラストレーターの藤巻佐有梨さん、そしていつもおしゃべりに付き合ってくれる妻や友人たちに感謝を申し上げます。この本が生まれたのは、私の個人的な話に対してみなさんがそれぞれの立場から真摯に応答してくださったおかげです。またどこかでお茶できたらうれしいです。どうもありがとうございました！

本書は、共同通信社から全国の新聞社の電子版にて２０２０年９月～２０２２年９月に配信されていた連載「清田隆之の恋バナ生活時評」を改題し、大幅に加筆・修正しまとめたものです。

清田隆之

（きよた・たかゆき）

1980年東京都生まれ。文筆業。恋バナ収集ユニット「桃山商事」代表。早稲田大学第一文学部卒。これまで1200人以上の恋バナに耳を傾け、恋愛とジェンダーをテーマにコラムを執筆。朝日新聞be「悩みのるつぼ」では回答者を務める。
単書に『さよなら、俺たち』（スタンド・ブックス）、『自慢話でも武勇伝でもない「一般男性」の話から見えた生きづらさと男らしさのこと』（扶桑社）、桃山商事名義としての著書に『生き抜くための恋愛相談』『モテとか愛され以外の恋愛のすべて』（イースト・プレス）、澁谷知美氏との共編著に『どうして男はそうなんだろうか会議——いろいろ語り合って見えてきた「これからの男」のこと』（筑摩書房）、トミヤマユキコ氏との共著に『文庫版 大学1年生の歩き方』（集英社）などがある。

おしゃべりから始める私たちのジェンダー入門
——暮らしとメディアのモヤモヤ「言語化」通信

2023年6月15日　初版第1刷発行

著者　清田隆之
装画　藤巻佐有梨
装丁　田中久子
DTP　濱井信作（compose）
編集　平野麻美・仁科えい（朝日出版社 第2編集部）

発行者　小川洋一郎
発行所　株式会社朝日出版社
〒101-0065 東京都千代田区西神田3-3-5
TEL. 03-3263-3321 / FAX. 03-5226-9599
https://www.asahipress.com/

印刷・製本　図書印刷株式会社

ISBN978-4-255-01339-8 C0095